Franz Mehring

Herr von Treitschke, der Sozialistentödter und die Endziele des Liberalismus

eine sozialistische Replik

Franz Mehring

Herr von Treitschke, der Sozialistentödter und die Endziele des Liberalismus
eine sozialistische Replik

ISBN/EAN: 9783744614764

Hergestellt in Europa, USA, Kanada, Australien, Japan

Cover: Foto ©ninafisch / pixelio.de

Weitere Bücher finden Sie auf **www.hansebooks.com**

Herr von Treitschke

der Sozialistentödter

und

die Endziele des Liberalismus.

———

Eine sozialistische Replik.

———

Leipzig.
Druck und Verlag der Genossenschaftsbuchdruckerei.
1875.

I.*)

Herr Professor!

Es ist das Vorrecht der publicistischen vor der parlamentarischen Debatte, daß in jener das unerquickliche Gebiet der persönlichen Bemerkungen vorab erledigt zu werden pflegt; von diesem Vorrecht gestatten Sie mir Gebrauch zu machen. Ich schreibe Ihnen namenlos, weil ich für die nachfolgenden Ausführungen keinen besondern, literarischen Werth beanspruche, sondern weil ich auf Ihre Angriffe gegen meine Partei nur soviel erwidern will, als Ihnen Tausende von socialistischen Arbeitern ebenso gut sagen könnten und weil ich unter diesen Umständen den Vorwurf der Anmaßlichkeit fürchte, wenn ich meinen unbekannten Namen dem Ihrigen gegenüberstellte. Allerdings wenn ich in demselben Stile repliciren wollte, in welchem Sie uns angegriffen haben, so wäre es meine Pflicht, mich zu nennen. Indessen das ist nicht meine Absicht.

Vielmehr möchte ich mit einer Bemerkung beginnen, welche in Anbetracht der Heftigkeit Ihrer Angriffe den Vorwurf der „hündischen Schmeichelei" zu bestätigen scheint, den Sie uns Socialdemokraten sammt und sonders machen. Ich kann sie trotzdem nicht unterdrücken, weil sie in der That der Ausdruck meiner ehrlichen Ueberzeugung ist und weil sie erklärt, weshalb ich Ihnen antworte. Es regnet ja täglich Angriffe von liberaler Seite auf uns herab in Broschüren und Tagesblättern, auf welche wir nicht antworten, obwol sie wenn nicht schärfer, so doch bisweilen ökonomisch besser begründet sind, als die Ihrigen. Das hat uns den Ruf eingetragen, daß wir zu einer sachlichen Diskussion unserer Principien ebenso unfähig, wie unlustig seien, und das Petroleum als die ultima ratio betrachteten. Indeß die Sache hat einen sehr einfachen Grund. Wenn Organe der öffentlichen Meinung, die vom Großkapitale abhängen — wie die Mehrzahl der liberalen Blätter, ganz zu geschweigen der Zeitungen, die einfache Revolver in der Faust von Börsenjobbern sind — oder wenn Ihre Parteigenossen

_____

*) Die ersten vier Abschnitte dieser Schrift sind ein Separatabdruck aus der von Dr. Guido Weiß herausgegebenen Wochenschrift für Politik und Literatur „Die Wage".

Braun, Miquel u. dgl. uns schmähen, so wissen wir ganz genau, woran wir sind und irgend ein Nutzen der Discussion ist nicht absehbar. Sie aber sind über den Verdacht erhaben, daß Sie Sich in Ihrer literarischen und politischen Thätigkeit von irgend welchen, auch nur mit den feinsten Ehrbegriffen eines Gentleman kollidirenden Rücksichten des Erwerbes leiten lassen und diese Eigenschaft ist in der von Ihnen so sehr gepriesenen „natürlichen Aristokratie" unserer Gesellschaft leider nicht mehr so gewöhnlich, als daß wir Ihnen gegenüber unsere gewöhnliche Haltung beobachten könnten.

Sie haben vergangenen Sommer in den „Preußischen Jahrbüchern" einen Essay über den „Socialismus und seine Gönner" veröffentlicht, den Sie später in eine Sammlung Ihrer Aufsätze aufgenommen haben*) und den Sie noch neuerdings in einem Hefte Ihrer Monatsschrift**) „bis auf's letzte Wort" aufrecht erhalten. Derselbe bezweckte nicht mehr und nicht weniger, als den Socialismus in seiner wilden und zahmen Linie, die Socialdemokratie, wie den Kathedersocialismus, kritisch zu vernichten. Wie ein dröhnender Paukenschlag hallte es in die schwüle Stille der Hundstage und blitzschnell rollte das Echo durch die labyrinthischen Irrgänge der officiösen Presse. Selbst die ehrwürdige „Provincial-Correspondenz" mußte sich zum Tanz vor der neuen Bundeslade bequemen, welche Sie aufrichteten; wie beseligend mag die frohe Botschaft in den Ohren des westfälischen Heuerlings, des ostpreußischen Tagelöhners, des sächsischen Webers widergeklungen haben, als ihnen das Amts- und Kreisblättchen meldete, daß sie beileibe nicht die geplagtesten Geschöpfe in unserer gesellschaftlichen Ordnung seien, zu welcher Annahme sie sich bis dato vermuthlich für berechtigt gehalten hatten. „Niemand unter uns arbeitet härter, als der deutsche Kaiser", erklärten Sie mit dem wuchtigen Pathos Ihres Herolds- und Prophetenamts; da würde ja Zweifel schon nahe an Majestätsbeleidigung streifen. Und welch glänzende Perspective eröffneten Sie den „Armen", wenn Sie ihnen „reichen Antheil an dem idealen Schaffen ihres Volkes" verhießen! „Wieviel hundert Arbeitern hat Schiller Brod gegeben durch den Druck und den Vertrieb seiner Schriften", riefen Sie in religiöser Bewunderung dieses „wundervollen Zusammenhangs zwischen den Höhen und Tiefen des Volkslebens".

---

*) Zehn Jahre deutscher Kämpfe. Schriften zur Tagespolitik von Heinrich v. Treitschke. Berlin, Georg Reimer. Seite 485—556.
**) Preußische Jahrbücher. Aprilheft. „Die gerechte Vertheilung der Güter." Offener Brief an Gustav Schmoller. 409—448.

Gegen diese idyllischen Bilder friedlicher Glückseligkeit, wie kräftig stachen die satten Farben ab, in welchen Sie den Socialismus konterfeyten! Sie sind bei einer Kritik Ihrer Ansichten so schnell bei der Hand mit dem Vorwurfe tendentiöser Entstellung, daß ich Ihr Anathema gegen uns in der Form wiedergebe, in welcher es Ihr Freund und Parteigenosse Schmoller zusammengestellt hat. Er sagt in seinem offenen Briefe an Sie*): „Ihre Abfertigung der Socialdemokratie besteht wesentlich in einer Sammlung kräftiger Verfluchungen und Schimpfworte. Die Socialdemokratie lebt nach Ihnen von der Zerstörung jedes Ideals; sie leugnet alle Ideen, alles was den Menschen über das Thier erhebt; Neid und Gier beseelen sie allein; ihr Ideal soll die nackte Sinnlichkeit sein; ihr Glauben der einer Hure. Ihre Mittel sollen bodenlose Gemeinheit, hündische Schmeichelei, freche Wühlerei, feige Demagogie und Rüpelhaftigkeit sein. An jedem Bierkrawall, an jedem feigen Messertodtschlag der Gegenwart soll sie mitschuldig sein u. s. w." Ich fürchte, daß die Blumenlese nicht ganz ausreichend ist, ich vermisse namentlich die Behauptung, — nebenbei bemerkt, die fast einzige, statistische Angabe in Ihrem Essay, obgleich Sie selbst die Kenntniß der socialen Statistik die erste Vorbedingung zu einem kompetenten Urtheile über nationalökonomische Fragen nennen — ich vermisse namentlich, sag' ich, Ihre Behauptung, daß die Socialdemokratie in jedem Zuchthause eine lange Reihe gläubiger Bekenner zähle. Indeß gleichviel. So populär wurde Ihr Anathem, daß kurze Zeit darauf der Vertheidiger des „natürlichen Aristokraten" Ofenheim dem die „staatliche Einmischung in den freien Wettbewerb der wirthschaftlichen Kräfte" vertretenden Staatsanwalte kein ärgeres Schimpfwort in's Gesicht schleudern konnte, als das Wort: Socialdemokrat.

Ein Theil der angenehmen Beinamen, mit welchen Sie uns schmücken, findet sich gleich auf den ersten Seiten Ihres Essays, und als ich ihn zum erstenmale zu lesen begann, bekam ich in der That eine Art von Schrecken. Ich dachte: nach diesen Posaunenstößen der Ouvertüre, wie zerschmetternd müssen die Paukenschläge der eigentlichen Symphonie sein! Indeß als ich die ersten Sätze las, in welchen Sie das Fundament zu Ihrer volkswirthschaftlichen Theorie legen, war ich vollkommen beruhigt. Sie sagen da (S. 468): „Lassalle versuchte bekanntlich alle großen Institutionen der Gesellschaft kritisch zu vernichten, indem er behauptete, sie seien

---

*) Ueber einige Grundfragen des Rechts und der Volkswirthschaft. Ein offenes Sendschreiben an Herrn Professor Dr. v. Treitschke. Von Gustav Schmoller. Jena, Friedrich Maule. 1875.

historische, nicht logische Kategorien. Er handelte als ein weltkluger Demagog, denn man stelle nur Alles schlechthin in den
Fluß der Zeit, und der frechen Willkür ist Thür und Thor geöffnet. Aber glücklicherweise ist diese Lehre ein schülerhafter Irrthum". Weiterhin bezeichnen Sie dann als die „großen Institutionen der Gesellschaft", als die „absoluten, sittlichen Ideen",
die Ehe, das Eigenthum und die Gliederung der Gesellschaft.
Wie gesagt, Herr Professor, diese Sätze beruhigten mich vollkommen, denn ich sah, daß ein Mann, der um Lassalle überhaupt
beikommen zu können, erst die gräulichste Confusion in den Worten
desselben anrichten muß, niemals ein wissenschaftlicher Gegner des
Socialismus sein könne. Ich will hier nur in aller Kürze die
Widersprüche andeuten, welche Sie in so wenigen Zeilen aufzu-
häufen verstehen. Lassalle dachte und schrieb viel zu bestimmt und
scharf, als daß er jemals die „großen Institutionen der Gesellschaft" als einen ökonomischen Begriff hätte gebrauchen können.
Nicht die „großen Institutionen der Gesellschaft", sondern speciell
das Kapital und weiterhin alle ökonomischen Kategorien (als freie Concurrenz, Privatunternehmerschaft, Lohnarbeit 2c.) erklärt er im Bastiat-
Schulze für „historische, nicht logische Kategorien". Noch schlimmer
aber ist es, wenn Sie Ehe, Eigenthum und Gliederung der Gesellschaft als jene „großen Institutionen" nennen, welche Lassalle
kritisch habe vernichten wollen. Die „Gliederung der Gesellschaft"
ist wiederum ein so schiefer, schielender und schwankender Begriff,
daß er von Lassalle weder jemals gebraucht, noch für die Nationalökonomie überhaupt brauchbar ist; Sie selbst erkennen das wenigstens
indirekt an, indem Sie auf S. 473 mit köstlicher Naivetät sagen:
Die Gliederung der Gesellschaft ist „im Grunde eine Tautologie,
denn Gliederung ist Gesellschaft". Was das Eigenthum betrifft,
so hat Lassalle allerdings in seinem wissenschaftlichen Hauptwerke,
dem „System der erworbenen Rechte", das die gesammte Wissenschaft bis zu Ihrer gloriosen Entdeckung für alles Andere eher,
als für einen „schülerhaften Irrthum" gehalten hat, nachgewiesen,
daß das Eigenthum ebenso wie das Erbrecht und alle juristischen
Kategorien nur eine „Kategorie des historischen Geistes" ist, d. h.
das Resultat von ganz bestimmten, historischen Zuständen, das
mit andern historischen Zuständen wieder verschwinden könne
und müsse. Merkwürdigerweise ist nur in sämmtlichen Agitationsschriften dieses „weltklugen Demagogen" bis auf eine einzige, streng
wissenschaftlich gehaltene Stelle im Bastiat-Schulze nirgends vom
Eigenthum und vom Erbrecht die Rede. Was endlich die Ehe
betrifft, so hat Lassalle niemals mit einer Silbe in all seinen
Schriften die Ehe kritisch zu vernichten gedacht. Sie haben Sich
demnach, ehe Sie Sich daran machten, den Socialismus „kritisch

zu vernichten", nicht einmal die Mühe genommen, auch nur die allerpopulärsten Schriften unserer Partei mit der gebührenden Aufmerksamkeit zu lesen. Leider stehen diese „schülerhaften Irrthümer" bei der Wiedergabe der Gedanken Lassalles keineswegs vereinzelt da; fast überall, wo Sie in Ihrem Essay auf seine Schriften zu sprechen kommen, wimmelt es von Schiefheiten, Verdrehungen, wenn nicht von Schlimmerem.*) Gesetzt aber, Herr Professor, Sie hätten Lassalle mit der nöthigen Loyalität citirt, sehen Sie denn nicht, daß Sie Sich mit Ihrem oben citirten, zweiten Satze: „man stelle nur alles schlechthin in den Fluß der Zeit und der frechen Willkür ist Thür und Thor geöffnet", auf einen Standpunkt der Reaction stellen, welchen ich wenigstens bei einem Vertreter moderner Wissenschaft für unmöglich gehalten hätte. Ich weiß wohl, daß Sie Sich in dem „schlechthin", wie bei den meisten Ihrer Sentenzen, eine Hinterthür offen gehalten haben. Aber trotzdem schlägt dieser Satz die Gesetze menschlicher Entwicklung ebenso brutal nieder, wie der berüchtigte, in andern Worten dasselbe Princip aussprechende Satz Stahls: Die Wissen-

---

*) Statt vieler Beispiele wenigstens eins! In Ihrer Duplik gegen Schmoller (S. 418) schreiben Sie: „Wie köstlich hat Lassalle unbewußt sich selber verspottet in den bekannten Worten: „„Der vierte Stand, in dessen Herzfalten kein Keim einer neuen Bevorrechtung mehr enthalten ist, ist eben deshalb gleichbedeutend mit dem ganzen Menschengeschlechte und folglich zum herrschenden Stande bestimmt."" In demselben Athemzuge, da der Demagog die Klassenordnung bekämpft, redet er schon wieder von einem herrschenden Stande." Die Worte Lassalle's, welche Sie citiren, finden sich in seinem „Arbeiterprogramm", S. 26. Sie sind richtig citirt bis zu dem Worte: „Menschengeschlechte"; die Worte: „und folglich zum herrschenden Stande bestimmt", sind eine freie Zuthat Ihrerseits, von welcher in der Broschüre Lassalle's nicht eine Silbe steht. Sie haben auch keineswegs die Entschuldigung für sich, daß Sie nur den Sinn, nicht den Wortlaut des Lassalle'schen Gedankens haben wiedergeben wollen. Denn erstens citiren Sie mit Gänsefüßchen: Sie wollen also im Leser den Glauben erwecken, daß Sie wörtlich citiren und zweitens spricht Lassalle niemals und nirgends von einer „Herrschaft des vierten Standes", sondern nur davon: die entwickelte Idee des vierten Standes zur leitenden Staatsidee, sein Princip zum herrschenden Princip zu erheben. Er spricht also von der Herrschaft eines Gedankens, nicht aber von der Herrschaft eines Standes, einer bestimmten Personenklasse, welche dann wieder eine Herrschaft über andere Stände und Personenklassen wäre. Es ist bei Ihrem Citate also gar nicht von einer „köstlichen Selbstverspottung des Demagogen" die Rede, sondern von einem ganz anderen Dinge, über dessen Qualifikation Sie hoffentlich Ihr wissenschaftliches Gewissen belehren wird.

ſchaft muß umkehren. Gerade das iſt ja das große Grundprincip
moderner Wiſſenſchaft, in den Naturwiſſenſchaften nicht minder,
als in der Philoſophie, ganz zu ſchweigen von der hiſtoriſchen
und theologiſchen Kritik, eben „Alles in den Fluß der Zeit zu
ſtellen“; wäre Ihr Satz richtig, ſo wären alle großen Fortſchritte
der Weltgeſchichte Reſultate weltkluger Demagogie, ſo wären ſie
alle „freche Willkür“ geweſen. Ihr Satz iſt das Fundament, mit
welchem die katholiſche Kirche ſteht und fällt, und während Sie
rüſtig in dem Fluſſe der Zeit mitſchwimmen, welcher Stein auf
Stein vom ungeheuren Rieſenbau einer bald zwei Jahrtauſende
alten Kirche abſpült, wollen Sie eben dieſen Strom, um ein
geiſtvolles Wort des Grafen Bethuſy zu gebrauchen, „an der
Stirnlocke packen“, ſobald ſeine Wellen eine Geſellſchaftsordnung
netzen, die in ihrer heutigen Gliederung noch kein Jahrhundert
zählt? Der grundlegende Satz Ihrer ſocialen Theorie ſchließt zugleich ihre vernichtendſte Kritik ein; mit der Entwirrung der erſten
Fäden zerfällt das ganze Gewebe in eitel Stückwerk.

Um meine Parteigenoſſen über dieſen neueſten Beitrag zur
Löſung der ſocialen Frage zu orientiren, ſchrieb ich gleich nach
dem Erſcheinen der erſten Theils Ihres Eſſoys eine kurze Kritik
deſſelben in den „Volksſtaat“, in welcher ich hauptſächlich die
poſitiven Grundpfeiler Ihrer Theorie, die „logiſchen Kategorien“
Ehe, Eigenthum und Gliederung der Geſellſchaft erörterte. Ich
war damals erbitterter über Ihre Angriffe, als ich es heute bin,
aber ich bemühte mich, ſachlich zu ſein. Trotzdem brachte kurz
darauf die „nationalliberale Correſpondenz“, Ihr officielles Partei-
organ, mit jener Loyalität und Sachkenntniß, welche ihr ſo ſchnell
einen berufenen Namen in der Deutſchen Preſſe gemacht haben,
eine Notiz, nach welcher Ihre „wuchtigen Hiebe“ uns ſo zerſchmettert
hätten, daß unſere Preſſe, ohne auch nur einen Verſuch ſachlicher
Erörterung zu machen, ſich in wüthenden Droh- und Schimpfreden
ergehe. In dieſem Falle war das behufs nationalliberaler Bil-
dungs- und Kulturzwecke verbrauchte Quantum von Unwahrheit ſo
groß, daß es die Ehre eines Widerſpruchs nicht verdiente. Indeß
iſt es gerade von liberaler Seite nicht ungerügt geblieben. Auf
die vom Profeſſor Schmoller an Sie gerichtete Frage: „Welche
Wirkung hat es, wenn liberale Zeitungen (z. B. die „Volkszeitung“),
die über jeden Verdacht ſocialiſtiſcher Neigung erhaben ſind, dem
„Volksſtaate“ gegenüber der „Nationalliberalen Correſpondenz“
bezeugen, daß er in ſeiner Entgegnung gegen Sie kein einziges
ähnliches Schimpfwort gebraucht habe“, wiſſen Sie in Ihrer
Duplik nichts zu erwidern, als einige recht ſalzloſe Witze über
die „demokratiſche Mannesbruſt“ von Herrn Franz Duncker, welche
Ihre Verlegenheit darüber nur ſchlecht maskiren, daß das ganze

Rüstzeug Ihres nationalökonomischen Wissens, die schmetternden Donnerkeile Ihrer Rhetorik und der Pfeilregen, den eine seit Jahrzehnten im Schelten freiheitlicher Parteien geübte Zunge gegen uns abschnellte, unser Blut nicht einen Augenblick in Wallung gebracht haben.

Wenn es sonach überflüssig erscheinen könnte, daß ich mich nochmals mit Ihrer Arbeit beschäftige, so giebt es doch mehrere Gründe, welche mich diese Mühe nicht verdrießen lassen. Erstens beklagen Sie sich über die „entstellenden" Berichte, welche durch die socialistische Presse in die Arbeiterkreise getragen seien. Ich kann diese Klage, wenigstens soweit der „Volksstaat" in Frage kommt, nicht als berechtigt anerkennen, aber ich bin gern bereit, ihr durch ein näheres, präciseres und tieferes Eingehen auf Ihre Intentionen abzuhelfen. Zweitens habe ich erst in den letzten acht Monaten durch das unaufhörliche Trompetengeschmetter der liberalen Presse die Ueberzeugung gewonnen, daß Ihr Essay mehr sein wolle, als eine harmlose wissenschaftliche Abhandlung, daß er eine „große That in Worten", ein Haupttreffen im Kulturkampfe gegen die Rothen darstellen solle. Selbst die nationalökonomischen Schriftsteller Ihrer Partei rühmten ihn als das Beste und Unwiderleglichste, was je gegen den Socialismus gesagt oder geschrieben sei; da gewinnt er allerdings eine höhere Bedeutung, als sein sachlicher Inhalt beanspruchen könnte. Drittens und hauptsächlich ist die Streitfrage durch den lauten Widerspruch, welchen ein in der gesellschaftlichen, politischen und staatlichen Mandarinenordnung Ihnen völlig ebenbürtiger Mann, Prof. Schmoller in Straßburg, gegen Ihre ökonomische Theorie im Allgemeinen und Ihre Schmähungen des deutschen Arbeiterstandes (nicht blos des Socialismus) im Besondern erhoben hat, bedeutend vertieft, so daß sie die erhöhte Aufmerksamkeit der Arbeiterwelt und ihrer Freunde verdient.

Ueber diesen Punkt ist es indeß nöthig, uns von vornherein auseinanderzusetzen. Wie die Protestanten die Ketzer des sechszehnten, so sind die Socialisten die Ketzer des neunzehnten Jahrhunderts. Keine konfessionelle Verfolgungssucht kann ärger wüthen, als der Fanatismus, mit welchem die herrschende Gesellschaftstheorie die socialistischen Neuerer in gesellschaftliche Behme erklärt. Darin hat sich nichts geändert seit den Tagen, in denen Lassalle zuerst in Deutschland die socialistische Bewegung in's Leben rief. Sie zwar bestreiten das, Sie entschuldigen im Gegentheil noch die gute Gesellschaft mit unsern unfertigen geselligen Sitten, daß sie einen Menschen, wie Lassalle, nicht ausgestoßen hat. Nun bin ich zwar nicht, so wenig wie eine große Zahl meiner Parteigenossen, ein unbedingter Verehrer des Menschen, wie des Politikers Lassalle, obgleich Sie auch das besser wissen, den Sie schreiben: „Die thierische Begierde (sc. der Socialdemokratie) enthüllt sich ohne Scham und tritt jedes Gefühl der Pietät mit Füßen; nur eine letzte Spur menschlicher Ehrfurcht verräth sich noch in dem heidnischen Götzendienste, der mit Lassalle, einem der unsaubersten Talente dieses Jahrhunderts, getrieben wird." Trotzdem bedaure ich in Ihrem eigenen Interesse daß Sie auch dem Todten nicht gerecht werden können. Dies „schlemmende und unzüchtige Abenteurerleben" hat Werke der Wissenschaft hervorgebracht, deren epochemachende Bedeutung nur verblendeter Parteihaß leugnen kann und wenn Sie sich die Mühe genommen hätten, die anderthalbjährige Geschichte der Arbeiteragitation Lassalles näher zu verfolgen, würden Sie wissen, daß das „Demagogenthum bei Trüffeln und Champagner" in Wahrheit die Bewältigung einer ungeheuren Arbeitslast und ein Kampf mit einer Welt von Feinden war. Ich sage, daß ich in Ihrem Interesse Ihr Urtheil über Lassalle bedaure; für uns ist das Andenken des Todten gegen jegliche Verunglimpfung geschützt durch die Worte: Dem Denker und dem Kämpfer!, welche die Hand von Boeckh auf seinen Leichenstein schrieb. Und falsch, wie den persönlichen, beurtheilen Sie auch den politischen Character des Mannes. Mit besonderem Eifer kämpfen Sie gegen seine falsche Prophetie und doch habe ich mir sagen lassen, daß in seiner Broschüre „der italienische Krieg", in großen Zügen genau die Politik vorgezeichnet war, welche fünf Jahre später Ihr staatsmännisches Ideal verwirklichte. Noch schildern Augenzeugen den Moment als einen unvergeßlichen, als Lassalle, unter der Anklage des Hochverraths vor dem Staatsgerichtshof stehend, den Richtern entgegenrief: Vielleicht nur noch ein Jahr und Herr von Bismarck gewährt selbst das allgemeine Stimmrecht. Eine falsche Prophetie in der That, denn genau um ein Jahr hatte sich der Prophet verrechnet. Und eine dritte Prophezeiung beginnt in dieser Zeit ihrer Erfüllung entgegenzugreifen. Lassalle hat niemals, was Sie ihm vorwerfen, an die zügellosen Leidenschaften, an die „wilden Appetite" der Massen appellirt; der große Grundgedanke seiner Agitation war, daß nur die Wissenschaft die Arbeiter zu derjenigen Höhe der Gesittung und des Wohlstandes emporheben könne, welche ihnen zukomme; vom Bündnisse der idealgesinnten, an den Werken unserer großen Denker und Dichter großgezogenen Elemente des Bürgerthums mit dem Arbeiterstande erhofft er eine „Weltwende sondergleichen". Nun wohl, dies Wort geht seiner Erfüllung entgegen. Im Reichstage ist gelegentlich gesagt worden, die socialistische Agitation sei schon in den Kasernen; bedeutungsvoller erscheint es mir, daß sie schon in unseren Hochschulen ist. Unter den Lehrern nicht minder, als unter den Schülern. Das wissen Sie so genau wie wir, Herr Professor, und weil wir wissen, daß Sie es wissen, ertragen wir mit lächelndem Gleichmuth Ihre heftigen Zornworte. Denn in ihnen bebt doch nur die heiße Angst, daß diese Bewegung unwiderruflich, unwiderstehlich sei; wie könnten sonst Sie, der Mann der privilegirten Sittlichkeit, so weit alle Schranken gesitteter Redeweise hinter sich lassen, wenn Sie über eine Partei sprechen, die sich nach Ihrem eigenen Zeugniß aus einer Million Ihrer Mitbürger rekrutirt?

Langsam, aber sicher schreitet diese Bewegung vor, kaum merkbar für weitere Kreise, aber der sichere Instinct ständischer Selbstsucht verräth der herrschenden Klasse den Feind im eigenen Lager. So schwach und zaghaft noch die Aktion, so schroff und rücksichtslos schon die Reaktion; wie kaum je zuvor, wuchert die manchesterliche Ketzerriecherei. Ein Meisterstüdlein fanatischer Unduldsamkeit lieferte sie beim Erscheinen von Schmoller's Schrift. Wir haben mit ihrem Verfasser nichts gemein; der nationalliberale Monarchist ist durch eine weite Kluft von uns getrennt. Aber er hat ein Herz für die arbeitende Klasse und er hat den Muth, mit offenen Augen unsere socialen Zustände zu untersuchen; Grund genug, daß die reichsfreundliche Acht und Aberacht über ihn verhängt wird. Besser, als die breitesten Schilderungen spricht die nackte Thatsache, daß die ungeheure Mehrzahl der nationalliberalen Organe — wenn ich alle läse, würde ich vermuthlich sagen dürfen: alle — den Inhalt der Schrift von Schmoller entweder in einer Weise „entstellt" hat, wie kein socialdemokratisches Blatt Ihren Essay, oder aber ihn schamlos todtgeschwiegen hat. Einige wenige Blätter behandelten Schmoller insofern loyal, als sie anerkannten, in den konkreten, nationalökonomischen Fragen habe er Sie siegreich widerlegt — als ob damit nicht Alles gesagt sei! —, aber sie vernichteten das Zugeständniß an die Wahrheit sofort mit der feierlichen Versicherung, daß die großen Grundlagen Ihrer Artikel unverrückt blieben und der Dank der Nation für Ihr stilistisches Meisterwerk wurde Ihnen wiederholt zuerkannt. Wie vortheilhaft aber stachen diese Blätter noch ab gegen die „Grenzboten", in denen Ihr Schüler Hans Blum der hoffnungsvollen Jugend der Reichslande Thränen der Wehmuth widmete, weil sie einem Manne wie Schmoller in die Hände falle, gegen die hiesige „Tribüne",*) welche Schmoller's Buch kurz und gut als „grob, arrogant und inhaltslos" abfertigte!

---

*) Beiläufig dasselbe Blatt, in welchem Herr Karl Braun-Curhaven, diese glänzende Zierde der „natürlichen Aristokratie", diejenigen Ihrer und seiner parlamentarischen Parteigenossen, welche sich nicht mit Gründerschmutz besudelt haben, hinterrücks zu schwächen und zu verdächtigen pflegt.

Ich weiß nicht, ob Sie Sich solcher Bundesgenossen freuen, aber das weiß ich leider, daß Sie selbst nicht verschmähen, aus dem Arsenale dieser Ketzerriecherei Waffen gegen Schmoller zu entnehmen. Durch Ihre Duplik zieht sich wie ein rother Faden, bald laut, bald leise der Vorwurf: Lieber Freund, alle Ihre Argumente dienen ja doch nur der Socialdemokratie zur bequemen Flankendeckung. Sie werfen Schmoller vor, daß er auf die Scherze des „Volksstaat" sanft blickend einginge, Sie verheißen ihm den „wohlverdienten Dank" der Socialdemokratie. Was das Erstere betrifft, so ist soviel richtig, daß die ausführliche, gelehrte Schrift des hervorragenden Nationalökonomen und der einfache, kurze Artikel des Arbeiterblattes, bei der selbstverständlich himmelweiten Verschiedenheit in Art und Tendenz, sich in den wesentlichen Angriffsobjekten, von Ihrer Fälschung an Lassalle, bis zu der von Ihnen neuerfundenen, ökonomischen Kategorie der „legitimen Macht des Glückes" decken, ein Umstand, der Ihnen billigerweise zu denken geben sollte. Was das Zweite betrifft, so hätte Sie die in der Streitschrift des Straßburger Professors wiederum aufgestellte Theorie von dem historischen Berufe des Hohenzollerngeschlechtes zur Lösung der socialen Frage über die Erfolglosigkeit Ihres Scherzes belehren sollen. Nur insofern verdient Schmoller auch unseren Dank, als er den Dank des gesammten deutschen Arbeiterstandes sich erworben hat, indem er an der Hand amtlicher und statistischer Berichte einige der schmählichsten Verdächtigungen in ihr Nichts auflöst, welche Sie den Arbeitern nachzusagen Sich für berechtigt hielten. Ueber diese Punkte noch später.

Im Uebrigen aber werde ich Schmoller nicht das Leid und Ihnen nicht das Vergnügen machen, in den nachfolgenden Ausführungen mich auf Argumente des Straßburger Professors zu beziehen, soweit es irgend vermeidlich ist. Mir entgeht dadurch ein reiches Arsenal von Waffen und nicht blos solcher Waffen, welche Schmoller neu geschmiedet hat, aber ich tausche dafür einen großen Vortheil ein. Ich kann an dieser Stelle den deutschen Arbeitern die Schrift von Schmoller eindringlich zur selbstständigen Lektüre empfehlen. Nicht sowohl ihres sachlichen Inhalts wegen, obgleich derselbe in seinem positiven Theile neue und werthvolle Gedanken probrzirt, sondern namentlich deshalb, weil die Arbeiter aus dieser Lektüre die tröstliche Zuversicht schöpfen werden, daß es auch in den höheren Ständen noch Männer von Kopf und Herz giebt, welche gegen die brutalen Doktrinen des Manchesterthums energisch Front machen. Vielleicht, daß durch diese Erkenntniß ein Theil der Empörung und Entrüstung beschwichtigt wird, welche Ihre fanatische Predigt des unüberbrückbaren Klassenunterschieds auch in der ruhigsten Arbeiterbrust anfachen mußte.

II

Ihre Verehrer, Herr Professor, rühmen an Ihnen vor Allem die glänzende Sprache, es liegt immerhin darin schon eine versteckte Kritik, wenn die Form in erster, der Inhalt in zweiter Reihe gelobt wird. Aber ich bin der Letzte, der Ihnen eine hohe oder richtiger eine hochgesteigerte Kunst der Stilistik streitig macht. Mit einiger Bestimmtheit darf ich behaupten, daß Sie seit zehn Jahren keine Zeile veröffentlicht haben, welche ich nicht gelesen hätte, aber mit völliger Bestimmtheit darf ich sagen, daß nahezu keine Zeile irgend welchen Einfluß auf meine politischen Ueberzeugungen gehabt hätte. Nicht der schroffen Einseitigkeit des Inhalts wegen; ich sage mit Ihnen: des tapfern Manns Behagen ist Parteilichkeit. Sondern weil ich immer den Eindruck gehabt habe: Hier spricht ein Mann, dem die künstlerische Darstellung und Gruppirung über Alles geht. Ich verkenne die relative Berechtigung dieser Auffassung durchaus nicht, wenn es die Darstellung völlig abgeschlossener, historischer Epochen und Episoden gilt; aber wenn es sich um Fragen handelt, welche noch in völligem Fluß begriffen sind und Jedem von uns tagtäglich mit ihrem bittern Ernste auf den Leib rücken, da bin ich der altfränkischen Ansicht, daß, wer über sie öffentlich sprechen will, sich der schmucklosesten Einfachheit, der durchsichtigsten Klarheit des Stils zu befleißigen hat. Recht lebhaft wurde mir das fühlbar, als ich vor wenigen Tagen Ihren Essay und Schmollers Schrift hintereinander las. Schmoller's Stil ist recht formlos, bisweilen ungelenk; ein ganz einfaches, kunstloses Glasgefäß, aber es ermöglicht jedem Leser, die Arbeit der Gedankenwerkstatt zu kontroliren; mit völliger Sicherheit verfolgt man Schritt für Schritt die logische Entwickelung. Ihr Stil dagegen ist eine überaus kunstvoll geschliffene Krystallschale, eine Augenweide für den verfeinerten Kunstgeschmack, aber er zeigt den Inhalt in häufig interessanter, häufiger bizarrer, am häufigsten schiefer Beleuchtung. Glauben Sie nur nicht, daß unsere böotische Rohheit kein Verständniß hätte für Ihre attische Feinheit; griffe uns die traurige Lage unserer Arbeiter nicht an Herz und Nieren, hätten wir den Muth, die steigende Massenarmuth unter den Gesichtswinkel künstlerischer Auffassung zu rücken: wir dankten Ihnen für Ihre unbändige Neigung, kleine, reizvolle Durchblicke in die Geschichte zu öffnen, welche ein neues, seltsames Licht auf die Zustände der Gegenwart fallen lassen. So fragen Sie z. B. einmal: sind die Tragödien des Sophokles und der Zeus des Pheidias zu theuer erkauft um das Sklavenelend von Mil-

lionen? Ich bin überzeugt, daß Sie Hunderte von Lesern mit
dieser Phrase entzückt haben; wir aber sind durch unsere „thierische
Begierde" zu fest an die Erde gefesselt, als daß wir Ihrem
Pegasus in so lustige Höhen folgen könnten. Wir erinnern uns
bei Ihrer Frage einfach an eine andere Bemerkung von Ihnen:
es ist heutzutage modisch, unvernünftige Fragen zu stellen. Durch
die ganze Weltgeschichte bis in die neueste Zeit haben wir Völker
mit Sklavenwirthschaft gehabt, aber keins von ihnen hat
einen Sophokles oder einen Pheidias erzeugt. Mit unendlich viel
mehr Recht — obgleich es auch Unsinn wäre — könnte ich fragen:
Ist Schillers „Kabale und Liebe" um den schmachvollen Soldaten-
handel deutscher Fürsten nach England zu theuer erkauft? Aber
selbst wenn ein untrennbarer Zusammenhang zwischen den Tragödien des Sophokles und dem „Sclavenelend von Millionen" be-
stände, was ist damit für die Gegenwart bewiesen? Sie thun
Sich besonders viel zu Gute auf die Entdeckung, daß die Sklaverei
eine rettende That der Kultur gewesen sei und zu meinem unend-
lichen Vergnügen hat die im Uebrigen schrankenlose Bewunderung
der liberalen Presse hier und da an diesem Ausdrucke Anstoß genommen. Ja gewiß ist die Sklaverei das gewesen; nur hat es
schon zehn Jahre vor Ihnen Lassalle in seinem Bastiat-Schulze
gesagt mit der selbstverständlichen Einschränkung, daß die Sklaverei
eine nothwendige, aber vorübergehende Phase in der Entwickelung des Menschengeschlechtes gewesen sei, eine historische, aber
keine logische Kategorie, als welche Sie, wenn auch in etwas
modificirter Form, noch heute die Sklaverei, die Unterordnung der
großen besitzlosen Masse unter eine kleine, besitzende Mehrheit betrachten! Ich müßte ebensoviel Bogen vollschreiben, als ich Seiten
zu schreiben gedenke, wenn ich alle ähnlichen, historischen Aperçus
in Ihrem Essay ebenso auflösen wollte; ich will nur noch eins er-
wähnen, weil ich aus demselben zu meiner Genugthuung ersehe,
daß es bei Ihnen keine subjective Unwahrheit, sondern eine un-
unterdrückbare Lust an geistreichen Spielereien ist, welche Sie auf
diese Abwege verleitet. Sie stellen den Satz auf, daß eine hohe
Kunstblüthe immer nur in einem Volke mit sehr großer Ver-
mögensungleichheit möglich sei, denn die Kunst sei eine „stolze
Aristokratin". Darauf erwidert Ihnen Schmoller ganz im Gegentheil;
nicht die besitzenden Stände, sondern die Gemeinde, die Kirche,
der Staat haben der Kunst die würdigsten Aufgaben gestellt; alle
edleren Naturen unter unsern heutigen Künstlern sind empört über
die Geschmacklosigkeit, mit welcher die Emporkömmlinge der Börse,
die reichgewordenen Industriellen die Bilder nach der Elle, nach
der Eitelkeit, nach dem Maße der darin angebrachten Nacktheiten
kaufen. In Ihrer Duplik beziehen Sie Sich auf die Kunstliebe

der Patriciergeschlechter in den reichen Stadtgemeinden des Mittelalters, nur ein sehr reicher Bürger habe das gewaltigste Königs-
schloß der Erde, den Palazzo Pitti in Florenz, erbauen können.
Soweit haben Sie zwar nicht Recht, aber Sie bleiben logisch.
Dann aber können Sie die feine, kleine Bemerkung nicht unterdrücken, daß sich das Volk von Florenz gelegentlich drohend zu-
sammengerottet habe, weil es ein Madonnenbild an einem Stadt-
thore unschön fand. Sehen Sie denn nicht, Herr Professor, daß
Sie mit diesen Zeilen eine der Grundlagen Ihrer socialen Theorie
niederrennen, den Satz, daß die ungeheure Mehrheit der Menschen
ein Maß geistiger Fähigkeit besitze, welches ihr nur sehr wenig
über den engen Kreis ihrer privatwirthschaftlichen Interessen hin-
aus zu denken gestatte? Wenn in der That der „heimathlose
Pöbel einer Großstadt" — Sie gebrauchen dies Wort von Berlin, weil in ihm die Socialdemokratie stark vertreten ist — zu
einem so nervös reizbaren Kunst- und Schönheitsgefühle ge-
langen kann, wie Sie selbst von dem Florentiner Volke erzählen, wie können Sie dann die Behauptung wagen, daß sich
günstigenfalls der Antheil der großen Masse des deutschen Volkes an dem geistigen Erbe unserer Denker und Dichter auf „die
Lieder Göthe's und einige Dramen Schiller's" beschränken werde?
   So entschieden Sie mir die Competenz zur Beurtheilung Ihres
Stils absprechen werden, so mußte ich doch diese Bemerkungen
über die Art Ihrer Darstellung machen, weil sie auf's Allerwesent-
lichste mit dem Inhalte zusammenhängt. Sie selbst rufen Schmoller zu, mit allgemeinen Gesellschaftstheorien sei zur Abhilfe unserer
socialen Leiden nichts gethan, da bedürfe es praktischer, auf sorg-
fältige statistische Untersuchungen gestützter Reformen. Ich unter-
schreibe diesen Satz um so lieber, weil er nicht Schmoller trifft,
sondern auf Sie selbst zurückschlägt, weil er die härteste Verurtheilung Ihres Essays enthält. Denn von Ihren interessanten
Forschungen über die Socialdemokraten in unsern Zuchthäusern
abgesehen, bei denen Sie Sich allerdings wohlweislich hüten, irgend
eine Zahl anzugeben, stützen Sie keine Ihrer allgemeinen Theorien
auf die Statistik; freilich, wie ließen sich die harten Daten und
Zahlen der rauhen Wirklichkeit in eine künstlerisch abgerundete,
„schöne Diktion" verschmelzen? Ja, Sie scheuen Sich selbst nicht,
bei den verletzendsten Angriffen gegen die Kathedersocialisten, die
Socialdemokraten und den ganzen deutschen Arbeiterstand, den
offenkundigsten Thatsachen in's Gesicht zu schlagen. Und hier nun
muß ich mir eine kleine Anleihe bei Schmoller erlauben. Ich beschränke mich auf eine sehr sparsame Auslese aus seinem reichen
Material; nur je ein Beispiel für die drei verschiedenen Rich-
tungen, nach denen Sie Ihre Angriffe richten, mag genügen.

Bezüglich Ihrer Angriffe auf den Kathebersocialismus sagt Schmoller auf S. 8:

Wir sollen nach Ihrer Ansicht für einen Communard, der uns mit Petroleum bröht, nur die süßlich sentimentale Antwort haben: Lieber Freund, in deiner Drohung steckt ein edler Kern unergründlicher Weisheit. Sie verwechseln uns da offenbar mit Bismarck; er, nicht wir, war es, der sagte, in der Pariser Commune stecke ein gewisser, berechtigter Kern.

Schmoller hat hier Ihre Worte bedeutend gemildert; Sie sprechen gar nicht einmal von einem Communard, wobei Sie Sich an die herrschenden Lügen über die Commune klammern könnten. Sie sprechen unter specieller Bezugnahme auf den deutschen Socialismus „von dem großen Volksmann X, der mit der üblichen rüpelhaften Betonung erklärt" u. s. w. Aber trotz dieser Nachsicht Schmoller's haben Sie kein Wort auf seine witzige Abfertigung.

Auf S. 13 und 14 seiner Schrift sagt ferner Schmoller:

Wenn die neueste Nummer der „Concordia" nachweist, daß in den meisten Berliner Brauereien eine 15—18 stündige Arbeit verlangt wird, wenn Aehnliches noch dutzendfach auch anderwärts vorkommt, wenn die ärztlichen Berichte, die Rekrutirungsberichte aus unsern Fabrikdistrikten übereinstimmend die Verkrüppelung breiter Schichten der Gesellschaft durch zu angestrengte Arbeit nachweisen, wenn dann die Kathebersocialisten es noch nicht wagen, für 12- oder 10 stündige Arbeitszeit aller Erwachsenen zu plaibiren, sondern nur für Frauen- und Kinderarbeit das verlangen, was in England Rechtens ist, wenn daneben das Weitgehendste, was man je in vernünftigen Arbeiterkreisen verlangt hat, eine 8 stündige Arbeit ist, und die, welche das verlangen, sich auf medicinische und industrielle Autoritäten berufen können, die sich sehr zweifelhaft darüber geäußert haben, ob nicht mit 8—10 stündiger Arbeit auf die Dauer sich mehr leisten lasse, als mit einer 12- und mehrstündigen —, dann behaupten Sie, die Lehre von einer zukünftigen 4—6 stündigen Arbeit halle von allen Kathebern wieder. Bitte, nennen Sie mir ein einziges, und ich will Ihnen Recht geben. Ich habe — und ich lese die socialdemokratische Presse seit Jahren ziemlich aufmerksam — in keinem Arbeiterblatte je etwas Derartiges gelesen, geschweige denn sonst irgendwo. Das Bild, mit welchem Sie durch Ihren Essay ängstliche Seelen graulich machen, das Bild einer rohen, fanatischen Arbeitermasse, die gewillt ist, 20 Stunben des Tages den freien Künsten des Schlafens, Trinkens und Nebehaltens zu widmen und nach der Weise privatisirender Gentlemen nur zu genießen, existirt in der That nur in der Phantasie gewisser Publicisten und — gewisser Geldkreise.

Auf diese schweren Anklagen, in denen kein Atom übertrieben ist, haben Sie nicht eine Silbe der Erwiderung, Herr Professor.

Endlich antwortet Schmoller S. 141—143 auf folgende Bemerkung von Ihnen über die letzte Lohnsteigerung:

Die Umgestaltung unserer Volkswirthschaft hat den arbeitenden Klassen eine große Erhöhung der Löhne gebracht, die in der deutschen Geschichte ohne Gleichen dasteht; sie gewannen damit, wie einst die englischen Arbeiter, die Möglichkeit, ihre Lebenshaltung dauernd zu verbessern, näher heranzurücken an die Anstandsgewohnheiten der Mittelklassen, welche unter derselben wirthschaftlichen Krisis schwer litten. Wie ist die Gelegenheit benutzt worden? Im Großen und Ganzen sehr schlecht; ein bedeutender Theil des Gewinns ward einfach vergeudet.

ich sage, auf diese Bemerkung von Ihnen antwortet Schmoller mit folgender schönen Ehrenrettung des deutschen Arbeiterstandes:

Es fragt sich, ob Sie, als Sie dieses allgemeine Verdammungsurtheil niederschrieben, alle die Thatsachen kannten, die zur Bildung eines sichern Urtheils auf diesem Gebiete gehören. Ich glaube nicht, daß Sie in dieser Weise gesprochen hätten, wenn Sie z. B. gewußt hätten, daß im Jahre 1872 die arbeitenden Klassen die kolossale Summe von 83,6 Millionen Thalern in die preußischen Sparkassen neu einlegten, während es z. B. 1869 noch 53 Millionen waren, daß wir mit den Spareinlagen dieses Jahres den englischen vollkommen gleich gekommen sind, daß die Einleger in dem einzigen Jahre 1872 von 1,358,392 auf 1,644,480 gestiegen sind. Wenn es wahr ist, daß 1848 in Paris kein Arbeiter auf den Barrikaden zu sehen war, der ein Sparkassenbuch hatte, so ist eine Zunahme der Bücher um 25% in einem Jahre keine kleine Sache. Das Gesammtguthaben in den preußischen Sparkassen betrug je am Ende des Jahres nach Abzug der zurückgezahlten Kapitalien:

1835: 5,4 Mill. Thlr. 1845: 12,5 Mill. Thlr.
1855: 82,2 „ „ 1868: 143,5 „ „
1871: 172 „ „ 1872: 217 „ „

Speziell in Berlin betrug das Gesammtguthaben:

Ende 1871: 2,885,681 Thlr.

Ende 1872: 4,517,973 Thlr.
„   1873: 4,504,434   „

Die Zahl der Bücher hat auch hier allein 1872 um
7000 zugenommen. Auch in Sachsen nahmen die Spar-
kasseneinlagen zu; selbst noch im Jahre 1874 wurden in
den ersten 10 Monaten 300,000 mehr Einzahlungen als
Rückzahlungen mit einem Plus von 8½ Mill. Thlr gemacht, wovon 91,580 auf den Regierungsbezirk Zwickau,
d. h. den gewerbreichsten Sachsens mit 2½ Mill. Thlr.
kommen. Nimmt man dazu noch, wie z. B. der Fleisch-
konsum in Berlin und andern großen Städten stieg, so
kommt man sicher zu dem Resultat, daß die Lohnsteigerung
wohl von einem Theil, aber nicht im Großen und Ganzen
schlecht benutzt worden ist. Ihr Urtheil ruht ohne Zweifel auf
subjektiven Eindrücken, die in gewissen Kreisen Berlins
jetzt herrschen. In Berlin ist man empört über einige
Strolche, die einmal Droschke fahren, einige Tage nicht arbeiten, in den Straßen herumlärmen. Diese Lumpen sieht
man, und von ihnen spricht man; auf die Tausende, die
endlich einmal statt bloßer Kartoffeln ein Stückchen Fleisch
essen können, die sich Sparkassenbücher anschaffen, die ihre
Kinder in eine bessere Schule schicken, die sich einige bessere
Möbel anschaffen, von ihnen hört und sieht der Berliner
Professor im Geheimerathsviertel nichts. Ueberdies werden
in der Großstadt Verbrecher, die auf freiem Fuße sind,
Louis, Bauernsänger und andere derartige Subjecte oftmals mit den arbeitenden Klassen verwechselt. Wenn irgend
etwas passirt ist, das ausschließlich aus diesen Kreisen
stammt, so wird sofort in so und soviel Zeitungen über
die zunehmende Rohheit des Arbeiterstandes geklagt.

Ja wohl, Herr Professor, auf die Lügenberichte zeilenhungriger
Reporter baut man phantastische Schmähschriften, aber keine wissenschaftliche Abhandlung.

Es wäre nun leicht nachzuweisen, daß selbst das Zeugniß von
Schmoller noch nicht in allen Details dem Arbeiterstande völlig
gerecht wird; es wäre verlockend, die ehrenwerthe und würdige
Haltung, mit welcher die Arbeiter das plötzliche und unmittelbare
Steigen der Löhne aufnahmen, als glänzendes Gegenbild der widerlichen und wüsten Geldjagd entgegenzustellen, von welcher ein so
überwiegender Theil der höhern Stände bis in ihre höchsten Spitzen
hinauf in der Schwindelperiode gepackt wurde. Ich stehe davon
ab, weil es mir um nichts weniger zu thun ist, als um packende
Effekte. Was Sie nach den obigen Citaten Wahrheitswidriges

gegen die Kathedersocialisten, wie gegen die Socialdemokraten ge-
gesagt haben, wird jenen Männern der Wissenschaft vermuthlich
ebenso gleichgültig sein, wie es uns ist; aber ganz anders liegt die
Sache, insoweit der ganze deutsche Arbeiterstand in Frage kommt.
Sie haben auch auf diese Vorwürfe Schmollers kein Wort der
Erwiderung und Sie begreifen, daß damit die Sache nicht erledigt
ist. Hier spricht zu Ihnen kein politischer Gegner, dem Partei-
leidenschaft das Urtheil blendet; hier spricht ein nationalliberaler
Monarchist und ein Mann der Wissenschaft, dessen Bedeutung auch
Sie oft genug anerkannt haben. Sie stehen vor keinem Partei-
tribunale; Sie stehen vor dem Richterstuhle der Wissenschaft. Hier
gilt es: Beweis oder Widerruf; ein drittes in Ehren ist nicht
möglich.

III

In Ihrer Duplik gegen Schmoller rühmen Sie Sich, Herr
Professor, des großen Beifalls, welchen Ihr Essay über den Socialismus in weiten Kreisen gefunden hat; Sie freuen Sich besonders
über die Zustimmung von Frauen, denn Sie meinen, daß dem
weiblichen Geiste, der werkthätigen Sinn mit konservativer Sitte
zu verbinden wisse, eine weit mächtigere Rolle bei der Fortbildung
unseres socialen Lebens zuertheilt sei, als die Socialdemokratie an-
nehme. Ich glaube, daß in dieser Beziehung unsere Ansichten
durchaus nicht so weit auseinander gehen, wie Sie voraussetzen,
wenn gleich dieser charakteristische Durchbruch Ihrer mittelalterlichen
Weltanschauung, die auch in den schwersten Streitfragen moderner
Wissenschaft den Siegerpreis von Damenhand vertheilt wissen will,
uns unwillkürlich heiter stimmt. Wer, wie Sie das gethan (S.
469), uns als Anhänger der „freien Liebe, der kothgebornen
Göttin des Bordells" schildert und dann gegen diese phantastische
Windmühle eine glorreiche Lanze bricht, ist ja des Frauendanks
und Frauenlobs sicher; ob von dem übrigen Inhalte Ihres Essays
auch die gebildetsten Frauen etwas verstanden haben, daran hege
ich bescheidene Zweifel. Ich beschränke mich auf diese Andeutung,
da ich trotz der mir als Socialdemokraten angeborenen „Rüpelhaftigkeit" selbstverständlich weit entfernt davon bin, in derselben
albernen und lügenhaften Weise über die weiblichen Anhänger
Ihrer volkswirthschaftlichen Theorie zu sprechen, in welcher selbst
große Blätter Ihrer Partei über acht Arbeiterfrauen herfielen, die
jüngst vor den Schranken des Berliner Stadtgerichts standen, weil
sie in einem zur Bekämpfung der Unzucht unter den Fabrikmädchen
gegründeten Vereine gelegentlich einen socialpolitischen Vortrag
Ihres Reichstagskollegen Hasenclever gehört und dadurch gegen die
Bestimmungen des Vereinsgesetzes verstoßen hatten.

2*

Im Uebrigen sei Ihnen der große Beifall unbestritten; nur daß auf nationalökonomischem Gebiete mehr als sonstwo das Wort gilt: man muß die Stimmen wägen und nicht zählen. Und da fürchte ich allerdings, daß selbst kundige Manchestermänner über Ihren Essay nicht minder den Kopf schütteln, wie die Katheder-socialisten und Socialdemokraten. Denn wie ein anker- und steuerloses Schiff auf bewegter See, schwankt Ihre Darstellung auf den hohen und schweren Wogen eines auf die Dauer unerträglichen Pathos, so daß es selbst dem schärfsten Rohre nahezu unmöglich wird, die Flagge zu erkennen, welche das Schiff eigentlich führt. Freilich gewinnen Sie dadurch Ihren Gegnern gegenüber einen unbezahlbaren Vortheil und der arme Schmoller hat es erfahren müssen. Wer, wie ich, Ihren Essay und die Gegenschrift Schmollers viermal zu verschiedenen Zeiten mit größter Aufmerksamkeit durchgelesen hat, wird dem Letzteren mit gutem Gewissen das Zeug-niß geben können, daß er mit denkbarster Loyalität und Objek-tivität auf Ihren Gedankengang einzugehen versucht hat; trotzdem rufen Sie in Ihrer Duplik fortwährend entrüstet: Das habe ich ja gar nicht gesagt, vielmehr das gerade Gegentheil. Und in der That können Sie das meistens mit einigem Rechte sagen, denn in Ihrem Essay finden sich von Ihren Schimpfereien gegen die So-cialisten abgesehen, nur wenige und keinesfalls entscheidende Sätze, welche so klar und scharf gefaßt sind, daß sie nicht nach Belieben interpretirt werden könnten oder welche nicht durch andere Sätze halb oder ganz, bedingt oder unbedingt aufgehoben würden. Im Folgenden werde ich einige Ihrer schlimmsten Verwechselungen und Widersprüche im Speciellen nachweisen, aber ich muß mich auf die Brennpunkte Ihrer Darstellung beschränken; die ganze reiche Ernte einzuheimsen, die auf den hundert Seiten Ihres Essays aufgeschossen ist, fehlt mir Raum und Zeit.

Zunächst also, Herr Professor, Sie wollen über den „Socialis-mus und seine Gönner" schreiben. Was verstehen Sie aber unter Socialismus? Sie sagen gelegentlich, daß der Socialismus so alt sei wie die bürgerliche Gesellschaft. Wollen Sie in der That nur jenen unverwüstlichen, philanthropischen Zug in der menschlichen Natur bekämpfen, der ohne Rücksicht auf die historische Entwicke-lung unseres Geschlechtes nach einem Utopien strebt, in welchem jedem Menschen das gleiche Maß von Glück, Lebensgenuß und Zufriedenheit gesichert sei, der bisher seinen Ausdruck gefunden hat in großartigen Gedankensystemen kühner Philosophen, in prophetischen Liedern schwärmerischer Poeten, in verschwommenen Phantastereien empfindsamer Menschenfreunde und auch in widerlichen Ausgeburten finnlich überreizter Naturen, aber noch niemals in einem politischen

Programm? Oder aber wollen Sie jenen Socialismus befehden, der eine bestimmte, historische Erscheinung, hervorgewachsen aus bestimmten historischen, noch nicht ein Jahrhundert alten Zuständen, gegen die aus der freien Concurrenz einer- und der Entwickelung der Großindustrie andererseits hervorgehende Concentration des Nationalreichthums in einer immer geringeren Anzahl von Händen und gegen die im Verhältniß dazu immer steigende Massenarmuth die Intervention des Staates anruft? Mit anderen Worten: Wollen Sie den Socialismus bekämpfen, der sich gegen die Unterschiede in der Begabung der individuellen Menschennaturen, also gegen ein Naturgesetz richtet, oder denjenigen Socialismus, der die innerhalb eines Volkes von gleicher Abstammung, Geschichte und Sprache klaffenden unüberbrückbaren Klassenunterschiede zuschütten, d. h. der historisch gewordene Zustände auf dem Wege der historischen Entwickelung wieder umschaffen will? Sie haben diesen Unterschied Sich nun und nirgends klar gemacht*); wer ihn aber bei der Lektüre Ihres Essays konsequent und scharf festhält, erkennt sofort das ganze Geheimniß, aber auch die ganze Nichtigkeit Ihres Erfolges. Denn nur indem Sie mit einer — ich will einen sehr milden Ausdruck gebrauchen — Leichtherzigkeit sonder Gleichen jede Eselei und jede Schwärmerei, die im Laufe der Jahrzehnte und Jahrhunderte unter der Flagge des Socialismus das literarische Meer befahren hat, auf unser Conto schreiben, gelingt es Ihnen, aus der heutigen socialdemokratischen Partei einen Popanz zu machen, an welchem sich in den Augen unkundiger Leser selbst die Stumpfheit Ihrer nationalökonomischen Waffen halbwegs siegreich erweist. Die scharfgedachte Doktrin des gelehrten, mit allen Hilfsmitteln moderner Wissenschaft arbeitenden Nationalökonomen und die wüste Ausgeburt eines verbrannten Dichtergehirns ist Ihnen ganz dasselbe; den „mystères de Paris" von Eugène Sue widmen Sie

---

*) Hin und wieder dämmert er Ihnen freilich auf. So sagen Sie (S. 464): „Die Socialisten pflegen ihre Zukunftsträume nicht aus der Natur des einzelnen Menschen, sondern aus dem Wesen der Gesellschaft abzuleiten; sie sehen in der Volkswirthschaft das Gebiet der gesellschaftlichen Zusammenhänge, wie Lassalle in seiner schwerfällig doktrinären Sprache" (die schöne Diktion allein thut's freilich nicht, Herr Professor) „sagt und hierin liegt ihr bestes, wissenschaftliches Verdienst." Wären Sie den Socialisten nur auf dies Gebiet gefolgt, so würden Sie unzweifelhaft Tüchtigeres geleistet haben, als jetzt. Nunmehr liegt Ihr „bestes, wissenschaftliches Verdienst" darin, daß die grellen Lichtblitze, welche hin und wieder selbst durch die unheimliche Dämmerung Ihrer Begriffsverwirrung fahren, charakteristisch zeigen, wie sehr die zeitgenössische Atmosphäre mit socialistischer Elektricität geladen ist.

eine etwa ebenso lange, nur von genauerer Kenntniß des Inhalts zeugende Kritik, wie dem „Kapital" von Marx. Auf diese Weise kommen Sie dazu uns zu Anhängern der „freien Liebe, der rothgeborenen Göttin des Bordells" zu machen, während weder Lassalle, noch Marx, noch ein anderer Führer der Partei jemals solchen Blödsinn ausgesprochen haben. Auf diese Weise kommen Sie dazu, uns (Seite 505) des immer wiederkehrenden Versuchs zu beschuldigen, jeden Unterschied zwischen der geistigen und der Handarbeit zu leugnen, während Lassalle in seiner Frankfurter, unter dem Titel „Arbeiterlesebuch" gedruckten Rede diesen Unterschied und die höhere Qualifikation der ersteren in der nachdrücklichsten und weitläufigsten Weise betont hat. Auf diese Weise kommen Sie zu der Behauptung (S. 507), wir warnten den Arbeiter täglich vor dem Sparen, während wir ihn nur davor warnen, in dem Sparen das einzige Mittel zur Hebung seiner Klassenlage zu sehen, wobei wir uns in erfreulichster Uebereinstimmung mit Ihnen befinden, denn Sie selbst erklären auf S. 543: „Schulze's Genossenschaften sind der Masse der Arbeiter wenig zu Gute gekommen; in diesem einen Falle hat Lassalle, überall sonst ein falscher Prophet, richtig geweissagt." Auf diese Weise kommen Sie (S. 486) zu der „tief unsittlichen Lehre des Socialismus, nach welcher alle harte Arbeit eine Schande oder doch ein Unglück sein soll", was nun und nimmer ein Socialist gesagt hat; auf die diesbezügliche Vorhaltung Schmollers haben Sie auch nicht eine Silbe der Erwiderung. Auf diese Weise kommen Sie (S. 482) zu der Behauptung, daß der Socialismus keinen Einwand seiner Gegner so leidenschaftlich bekämpfe wie die Behauptung: wir Alle sind Arbeiter! was so unglaublich wahr ist, daß Lassalle in seiner allerersten Agitationsschrift, dem „Arbeiterprogramm", so zu sagen als eins der Fundamente seiner Theorie auf S. 26 den Satz aufstellt: „Arbeiter sind wir alle, insofern wir nur eben den Willen haben, uns in irgend einer Weise der menschlichen Gesellschaft nützlich zu machen". Ich habe diese fünf Punkte auf gut Glück aus den Anklagen hergegriffen, welche Sie gegen uns richten; ich kann mich damit begnügen, denn wenn Sie diese fünf Sätze in der That als integrirende Theile der socialistischen Doktrin nachgewiesen hätten, so hätten Sie dieselbe in Wahrheit „kritisch vernichtet", und alles Weitere, was Sie gegen uns schreiben, wäre gänzlich überflüssige Mühe. So viel werden selbst Sie zugeben, daß die große Masse unseres Volkes so weit über „den engen Kreis ihrer privatwirthschaftlichen Interessen" zu denken vermag, daß eine Partei, die solchen Nonsens in ihr Programm schriebe, dadurch allein todt und begraben wäre. Dieser Nachweis ist Ihnen aber nicht gelungen,

ja, Sie haben ihn nicht einmal, in dem einen Falle selbst nicht
auf die Aufforderung Schmollers hin, versucht, und wenn ich mir
noch einen Schatten von Glauben an Ihre Loyalität retten will,
so bleibt mir nur die Vermuthung übrig, daß Sie jene fünf Sätze
in den „socialistischen Vordellromanen", von welchen Sie mit so
viel Interesse sprechen, gefunden haben. Leider bin ich nicht in
der Lage, die Richtigkeit dieser Vermuthung festzustellen, da mir
jene Art Literatur gänzlich fremd ist.

Hält man also, Herr Professor, diesen Unterschied zwischen dem
allgemeinen, auf die natürlichen Gebrechen und Schwächen der
menschlichen Natur sich stützenden Socialismus, der in der That
so alt ist, wie die bürgerliche Gesellschaft und dem modernen, aus
bestimmten, auf's Schärfste definirbaren, historischen Zuständen
emporgewachsenen Socialismus fest, so fällt damit der weitaus er-
heblichste Theil Ihrer gegen uns gerichteten Ausfälle zu Boden.
Es bleiben aber noch einige wenige Punkte übrig, bei denen Sie
Sich in der That bemühen, Ihren Widerwillen gegen jeden faß-
baren, nationalökonomischen Begriff zu überwinden und auf einzelne unserer theoretischen Sätze einzugehen. Freilich hier, wo Sie
in die Nähe von Land gerathen, rollt, schlenkert und taumelt Ihr
Darstellung noch viel ärger als gewöhnlich und das Scheitern bleibt
denn auch nicht aus. Am schärfsten zeigt sich Ihre Begriffsverwirrung bei der Besprechung des Partnershipsystems. Auf S. 532
nennen Sie es einen „juristischen Widersinn", auf S. 533 erklären
Sie für wohl denkbar, daß es der Staat für bestimmte Gewerbs-
zweige geradezu anbefehle und auf 534 meinen Sie, daß es bei
schärferem Nachdenken doch zum reinen Communismus führe. Ich
muß leider darauf verzichten, den Knäuel von Widersprüchen, in
welchen Sie Sich auf diesen drei dicht auf einanderfolgenden
Seiten verwickeln, des Näheren zu entwirren, weil es bereits von
Schmoller in erschöpfender Weise geschehen ist.

Dagegen traktiren Sie zwei speciell socialistische, wenn auch
zuerst von der Bourgeoisökonomie entdeckte Grundsätze, auf
S. 528 — 531 Ihres Essays: das eherne Lohngesetz und den von
Ricardo entwickelten Satz, daß die Arbeit allein Werthe erzeuge.
Hierauf muß ich näher eingehen, denn in der That steht und fällt
mit diesen Sätzen der moderne Socialismus. Sie beginnen damit, das eherne Gesetz eine „berüchtigte Lehre" zu nennen; Sie
meinen, daß es heute der Mehrzahl der Denkenden fast unbegreif-
lich erscheine, wie ein so handgreiflicher Irrthum sich so lange habe
behaupten können. Leider hat er sich doch nicht lange genug be-
hauptet, um von Ihnen mit Händen gegriffen zu werden, denn
wenn Sie das Lohngesetz dahin definiren: „der gemeine Arbeits-

lohn könne auf die Dauer nicht höher stehen, als die Kosten des nothdürftigen Lebensunterhalts einer Arbeiterfamilie", so zeigen Sie damit einfach, daß Sie Sich nicht einmal die Mühe gegeben haben, das Lohngesetz klar und scharf aufzufassen. So verschwommene Begriffe, wie „nothdürftiger Lebensunterhalt" kennt die wissenschaftliche Nationalökonomie gar nicht; es muß vielmehr heißen: „der nothwendige Lebensunterhalt, der in einem Volke gewohnheitsmäßig zur Fristung der Existenz und zur Fortpflanzung erforderlich ist." Und ferner, statt mit so unklaren und ungewissen Begriffen, wie „auf die Dauer" zu operiren, sagt vielmehr das Lohngesetz klar und bestimmt, daß der Arbeitslohn unter der Herrschaft von Angebot und Nachfrage nach Arbeit immer um jenen nothwendigen Lebensunterhalt gravitire, bald etwas über, bald etwas unter ihm stehen müsse. Mit dieser genauen Definition, welche Sie an hundert Stellen in Lassalle's Agitationsschriften finden können, zerfallen Ihre elegischen Rückblicke auf die noch viel schlechtere Lage der Arbeiter in früheren Jahrzehnten und Jahrhunderten, Ihre pochenden Hinweise auf erfolgreiche Strikes und jeweilige Lohnsteigerungen in eitel Staub. Sie fahren dann fort: „Das eherne Gesetz geht von der Ansicht aus, daß die freie Concurrenz im wirthschaftlichen Verkehre die Regel bilde, während der freie Wettbewerb thatsächlich einen ziemlich engen Spielraum hat und in allen Gewerben, die nur für den örtlichen Verbrauch arbeiten, nicht zur Herrschaft gelangt." Abgesehen davon, daß Sie mit dem „ziemlich engen Spielraum" der freien Concurrenz Sich selbst widersprechen, denn überall sonst in Ihrem Essay behandeln Sie dieselbe mit Recht als das unsern gesammten, wirthschaftlichen Verkehr beherrschende Princip — ist Ihnen denn wirklich eine der allerwichtigsten Erscheinungen der modernen Produktion so gänzlich unbekannt, die Erscheinung, daß die „Gewerbe, die für den örtlichen Verbrauch arbeiten", eine mit Riesenschritten dem Untergange zueilende Produktionsform sind, daß das Handwerk heutzutage keinen goldenen Boden mehr hat, daß das Kleingewerbe die Konkurrenz mit dem Großkapital auf die Dauer nicht zu ertragen vermag, daß er kleine Handwerker, gerade bei uns ein sehr achtungswerthes und ein wichtiges Mitglied der Gesellschaft, immer mehr „aus der Kaste" fällt, d. h. aus einem kleinen Eigenthümer ein besitzloser Lohnarbeiter wird? Haben Sie denn wirklich noch nicht die Erfahrung gemacht, daß selbst in den kleinsten Landstädten einfache Bürger schon ihr Hausgeräth, ihre Kleidung, ihr Schuhwerk nicht bei den Handwerkern, die für den örtlichen Verbrauch arbeiten, sondern aus den Mittelpunkten großindustriellen Betriebes beziehen, weil die Transportkosten durch den um so viel billigeren Preis sich mehr als aufwiegen? Und glauben Sie, daß wenn wirklich auf den kleinen und alljährlich sich verengenden Gebieten, welche das Kleingewerbe auf unserem Markte noch inne hat, das Lohngesetz nicht gilt, damit irgend etwas für die ungeheuren, im Dienste des großen Ackerbaues und der großen Industrie stehenden Arbeitermassen bewiesen sei? Sie scheinen es fast zu glauben, denn Sie fahren fort: „Das Gesetz ist auch falsch unter der Voraussetzung der freien Concurrenz. Der Preis der gemeinen Arbeit wird wie jeder Preis durch das Verhältniß von Angebot und Nachfrage bestimmt." Sehr richtig, Herr Professor, mit diesem Satze haben Sie in der That einmal den Nagel auf den Kopf getroffen, denn in ihm liegt die direkteste und unverhüllteste Anerkennung des — Lohngesetzes. Sie erklären mit demselben, daß die gemeine Arbeit auf dem heutigen Markte genau ebenso Waare sei, wie Leinwand, Seide, Zucker u. s. w. und daß sie genau ebenso, wie diese Waaren, den Gesetzen des freien Verkehrs unterliege; zum Ueberfluß erklären Sie kurz vorher (S. 528) den Austausch von Arbeit gegen Geld als einen „ehrlichen Tausch von Waare gegen Waare" und kurz nachher (S. 530), daß wenn der Arbeiter dem Unternehmer seine Arbeitskraft auf bestimmte Zeit vermiethe, damit sich ein „Tausch von Waare gegen Geld" vollziehe. Also, Herr Professor, Sie erklären und zwar mit vollstem Rechte, die „gemeine Arbeit" unter den heutigen, durch das Verhältniß von Angebot und Nachfrage geregelten Verhältnissen des Marktes für eine Waare, d. h. Sie geben von vornherein das zu, was ein Gegner des Lohngesetzes vor allen Dingen als unrichtig nachweisen müßte. Denn das ist ja das Charakteristische der freien Concurrenz oder wie Sie mit Ihrer prinzipiellen Abneigung gegen genaue Ausdrücke meist zu sagen pflegen: „des freien Wettbewerbs der wirthschaftlichen Kräfte", daß das Verhältniß von Angebot und Nachfrage den Marktpreis der Waaren auf die billigste Grenze herabdrückt, d. h. auf ihre Erzeugungskosten und die Erzeugungskosten der Waare: gemeine Arbeit, ist der „nothwendige Lebensunterhalt, der in einem Volke gewohnheitsmäßig zur Fristung der Existenz und zur Fortpflanzung der Arbeiter erforderlich ist". Sie sehen also, Herr Professor, daß das Lohngesetz in der That unsere wirthschaftlichen Verhältnisse in dem Grade beherrscht, daß es selbst aus Ihrer verschwommenen Darstellung mit „eherner" Gewalt hervorspringt.

Indeß, um gegen Sie gerecht zu sein, Sie haben selbst eine Ahnung davon gehabt, welche Waffen Sie uns in die Hand drücken und so fahren Sie unmittelbar hinter Ihrem Satze: „Der Preis der gemeinen Arbeit wird wie jeder Preis durch das Verhältniß von Angebot und Nachfrage bestimmt", also fort: „er kann also nur dann auf das Maß der unentbehrlichsten Unterhaltsmittel herabsinken, wenn die Arbeitgeber auf die Dauer der stärkere Theil sind und ihre Ueberlegenheit mit rücksichtsloser Selbstsucht mißbrauchen." Diese Finte, ein thatsächliches Verhältniß in conditioneller Form hinzustellen, ist eben so alt, wie die Entdeckung des Lohngesetzes und so oft sie auch aufgedeckt ist, sie scheint dennoch unsterblich. Herr Professor, die Hand auf's Herz: sind die Arbeitgeber auf die Dauer der stärkere Theil oder nicht? Sie selbst erklären ja (S. 461), daß die besitzenden Klassen unleugbar oft durch ihre Gleichgültigkeit gegen das Loos der Arbeiter gefehlt haben. Sie selbst fordern ja (S. 531) ein strenges Strafgesetz gegen die Tyrannei gewissenloser Fabrikanten und erklären es ebenda für "leider bekannt, wie schwer der Krämersinn und mehr noch die Indolenz deutscher Unternehmer sich oftmals an den Arbeitern versündigt hat"; bilden Sie Sich denn in der That ein, daß die Arbeiter sich in dieser Weise würden maltraitiren lassen, wenn sie etwa auf die Dauer der stärkere Theil wären? Aber das können Sie Sich ja gar nicht einbilden; Sie wissen ja ganz genau, daß die Arbeiter auf die Dauer der schwächere Theil sind, denn wie könnten Sie sonst (S. 463) so pompös erklären: "Wir können den begründeten Forderungen der Masse — und es sind ihrer nur allzu viele*) — dann allein gerecht werden, wenn wir genau wissen und furchtlos aussprechen: was wir ihnen nicht gewähren wollen." Oder glauben Sie wirklich, daß es für die Arbeiter, falls sie der stärkere Theil wären, von irgend welchem auch nur theoretischen Interesse wäre zu wissen, was Sie und die besitzenden Klassen ihnen gewähren wollen und was nicht? Doch um Ihnen nicht Unrecht zu thun, Sie führen ausnahmsweise einmal ein Beispiel aus der Praxis an, um zu beweisen, daß die Arbeitgeber auf die Dauer nicht der stärkere Theil sind; Sie meinen, daß — doch nein, das muß der Leser wörtlich genießen, um es zu glauben. Sie sagen also: "Nicht blos die verbündete Arbeitermasse, auch der einzelne Arbeiter kann je nach dem Stande des Marktes dem Arbeitgeber mit Ueberlegenheit entgegentreten; das lehrt in tausend lächerlichen Zügen die verkehrte Welt, die in unzähligen deutschen Herrschaften besteht, wo der Dienstbote die Gesetze giebt, die Herrschaft in stummer Verzweiflung sich unterwirft." Diese Art des

---

*) Wirklich? Trotz des "wundervollen Zusammenhanges zwischen den Höhen und Tiefen des Volkslebens?" Trotzdem jeder Scharfsinn an der Frage zu Schanden ward, ob die besitzenden oder die arbeitenden Klassen in dem großen Arbeitstausche der Gesellschaft mehr empfangen oder gegeben haben? (S. 495.)

Scherzes war bisher in der Nationalökonomie allerdings unerhört. — Was dann ferner die „rücksichtslose Selbstsucht" der Unternehmer anbetrifft, so haben Sie dieselbe ja erstens als eine häufige Erscheinung selbst anerkannt und ich bestreite das am wenigsten, zweitens aber mit dem ehernen Lohngesetz hat sie absolut nichts zu schaffen. Die persönliche Sittlichkeit der Unternehmer hat heute einen verzweifelten engen Spielraum; so hoch es anzuerkennen ist, wenn sie ihren Arbeitern Humanität und Wohlwollen zeigen und so schwer im entgegengesetzten Falle ihre Brutalität und Rohheit zu verurtheilen ist: die Einen, wie die Andern sind dem socialen Naturgesetz der freien Concurrenz unterworfen und jeder Versuch, sich demselben zu entziehen, würde mit dem eigenen Untergange bezahlt werden. Aus diesem Grunde bleibt auch das Partnerschipsystem ein Palliativmittel, welches immer nur bei mäßigen Industrien mit bestimmten, sicherm Absatzgebiete durchgeführt werden kann.*)

Kürzer, aber ebenso haltlos, wie Ihre Bekämpfung des Lohngesetzes, ist das, was Sie (S. 531) gegen den Satz von Ricardo, daß die Arbeit allein Werth erzeuge, vorbringen. Sie beginnen mit dem werthvollen Zugeständnisse: „Steht dieser Satz fest, so ist der Arbeitslohn eine offenbare Beraubung". Gut. Sie fahren dann fort: „Aber nicht die Arbeit schlechthin schafft die Werthe, sondern die den Zwecken der Gesellschaft entsprechende Arbeit, wie schon oft und noch neuerdings vortrefflich von H. v. Sybel nachgewiesen ist." Ja freilich ist das schon oft nachgewiesen, z. B. im „Kapital" von Marx und im Bastiat-Schulze von Lassalle, wo auf S. 120 u. f. die wissenschaftliche Entwicklung von Marx in gedrängter Form wiedergegeben ist. So weit sind wir vollkommen einig, aber dann bestreiten Sie den Satz von Marx, daß in der Großindustrie die Persönlichkeit des Unternehmers verschwinde und das Großkapital durch seine eigene Wucht wirke. Sie sagen vielmehr, der Unternehmer sei die Seele der Arbeitsgemeinschaft, der Plan müsse erst in seinem Kopfe feststehen, das Kapital durch seine Sorgen beschafft und geordnet sein und deshalb gebühre ihm der gesammte Reinertrag des Unternehmens, d. h. Sie definiren den

---

*) Beiläufig erklärt die „Schlesische Zeitung" vom 13. Juli d. J. ein gemäßigt liberales, aber mit Wissen und Wahrheitsliebe für seine politischen Ziele kämpfendes und namentlich dem Reptilienunwesen scharf zu Leibe gehendes Blatt die „berüchtigte Lehre" vom Lohngesetz nicht nur für bis heute unwiderlegt, sondern auch für unwiderlegbar. Wohlgemerkt in einem Artikel, der ebenso gegen den Kathedersocialismus, wie gegen die socialistische Arbeiterpartei auf's Schärfste Front macht.

Kapitalprofit als den geistigen Arbeitslohn. Diesen alten Irrthum kann ich hier nicht widerlegen, da ich zu diesem Zwecke Lassalle Wort für Wort ausschreiben müßte. Ich beschränke mich auf die Andeutung, daß er (S. 160 u. f. des Bastiat-Schulze) erstens theoretisch unter specieller und detaillirter Berufung auf die liberalen Oekonomen Nebenius, Hermann, Storch, Schön, Riedel, Rau u. A. nachweist, daß der Lohn für die geistige Leitung der Geschäfte nur einen überaus geringen Theil des in der Nation erhobenen Unternehmergewinns ausmacht, daß die englischen Oekonomen ihn um seiner Geringfügigkeit willen immer vernachlässigt und den Unternehmergewinn immer nur als Kapitalprämie behandelt hätten und daß er zweitens an einem praktischen Beispiele nachweist, wie bei der Köln-Mindener Eisenbahn in einem bestimmten Jahre auf eine Kapitalprämie von 3½ bis 4½ Millionen Thaler für die geistigen Leiter des Unternehmens ein Arbeitslohn von — 12000 Thaler gekommen sei. Sind Sie also in der That der Ansicht, daß der Capitalprofit zusammenfalle mit dem geistigen Arbeitslohn, so mußten Sie Sich vor allen Dingen mit der liberalen Oeko- nomie, so mußten Sie Sich mindestens mit Lassalle auseinander setzen. Mit etwa dreißig Zeilen voll allgemeinster Behauptungen können Sie aber unmöglich einen Satz kritisch vernichten wollen, welcher sich auf die harte und mühsame Arbeit ganzer national- ökonomischer Schulen gründet. Ich will auch hier durchaus gerecht gegen Sie sein und das einzige, thatsächliche Moment nicht ver- schweigen, welches Sie gegen diesen „Lieblingsplatz der Socialisten" in's Feld führen. Sie sagen, derselbe sei durch die Erfahrungen der jüngsten Krisis gänzlich widerlegt und fahren dann fort (S. 532): „Zahllose Actiengesellschaften, und manche solide darunter, gingen zu Grunde, weil sie ihr Kapital auf Unternehmungen geworfen hatten, welche der monarchischen Leitung bedurften." Weshalb ge- brauchen Sie, Herr Professor, als glühender Verehrer der socialen Statistik, ein so unbestimmtes Wort, wie „manche"? Weshalb nicht den gleichbedeutenden, aber immerhin genaueren Ausdruck „einige?" Und da „einige" im Gegensatze zu „zahllosen" jedenfalls eine verschwindend geringe Minderzahl sind, weshalb sagen Sie nicht lipp und klar: „Zahllose Actiengesellschaften, und eine verschwin- dend geringe Minderzahl solider darunter, gingen zu Grunde, weil sie ihr Kapital auf Unternehmungen geworfen hatten, welche der monarchischen Leitung bedurften"? Ich gebe Ihnen gern zu, daß die trauervolle Wehmuth, welche nunmehr diesen Satz verschleiert, Ihren politischen Freunden Braun, Kardorff, Miquel u. s. w. ungleich besser zu Gesichte stehen würde, als Ihnen.

Ich bin bei dieser Auseinandersetzung für Ihre und des Lesers Geduld vielleicht zu ausführlich gewesen, aber es war absolut nothwendig, die wenigen Punkte, in welchen Sie einen sachliche Widerlegung unserer Theorien versuchen, auf's Gründlichste zu erörtern. Mit dem scharfen Instinkt ständischer Selbstsucht haben Sie die beiden Quellen zu verschütten gesucht, aus welchen die socialistische Bewegung immer wieder unerschöpfliche Lebensnahrung zieht, aber der klare Strom stößt mit spielender Leichtigkeit das bischen Geröll aus, das Sie Sich in der Werkstatt größerer Gegner des Socialismus, als Sie sind, mühsam zusammengesucht haben. So lange die Arbeit allein die Werthe erzeugt und so lange der Arbeitslohn sich auf den vollsüblich nothwendigen Lebensunterhalt der Arbeiter beschränkt, so lange also — um Ihren eigenen Ausdruck zu gebrauchen — die heutige Gesellschaftsordnung auf „offenbare Beraubung" sich stützt, so lange ist der Socialismus eine eherne Nothwendigkeit. Und so wenig es Ihnen gelungen ist, seine innere Lebensadern zu zerstören, so wenig gelingt es Ihnen, sein Wachsthum durch die enge Schnürbrust Ihrer logischen Kategorien zu ersticken. Zu diesem Nachweise gehe ich nunmehr über.

IV.

Allerdings, Herr Professor, ist der geschichtsphilosophische Theil Ihrer Abhandlung ein bereits abgemähtes Feld; hier folge ich den Spuren Schmollers „nur wie der Aehrenleser folgt dem Schnitter". Denn hier stehen Sie nicht nur der socialistischen, sondern der modernen Weltanschauung überhaupt feindlich gegenüber, und meine Aufgabe wird nur sein, einige von Schmoller unberührt gelassene und in Ihrer Duplik mit pochendem Trotze nochmals hervorgehobene Punkte des Näheren zu erörtern und ferner nachzuweisen, daß Sie die gewichtigsten Einwürfe Schmollers, insofern Sie überhaupt auf dieselben eingehen, in einer Weise beantworten, welche Sie entweder zu den unerhörtesten Behauptungen, oder aber zu den weitestgehenden, Ihre logischen Kategorien von Grund aus umstürzenden Zugeständnissen führt.

Die natürliche Ungleichheit der Menschen ist für Sie ein

---

*) Um auch bei dieser entscheidenden Grundlage Ihrer socialen Theorie Ihrem Systeme der Widersprüche nicht untreu zu werden, sagen Sie gelegentlich einmal: „die Natur ist ein königlicher Haushalter. Sie wirthschaftet mit vollen Händen. Sie erzeugt täglich im Thier- und Pflanzenreiche unzählbare, neue Keime, die vor der Zeit untergehen." (S. 475.)

Naturgeſetz, Sie ſagen gleich auf einer der erſten Seiten Ihres Eſſays (S. 464): die Menſchen ſind ungleich von Natur; mit dem Daſein der Menſchen iſt die Ungleichheit gegeben. Sie ſprechen dann von jener „heilſamen“, jener „ſegensreichen Kargheit“*) der Natur, welche die Mehrzahl der Menſchen zwinge, immer in beſchränkten Verhältniſſen zu leben (S. 519), welche nur eine kleine Minderheit befähige, das Licht der Idee mit offenen Augen zu ſehen, während die Maſſe nur den gebrochenen Strahl ertrage (S. 475), welche bewirke, daß der geiſtige Horizont unzähliger Menſchen nicht ſehr weit über den Kreis der wirthſchaftlichen Dinge hinausreiche (S. 477) u. ſ. w. Sie betonen alſo mit beſonderer Schärfe die Ungleichheit der Menſchen mit Bezug auf ihr Denkvermögen, eine Anſchauung, welche man allerdings eher von einem ſüdſtaatlichen Sclavenbarone, als von einem akademiſchen Lehrer erwarten ſollte, der in denſelben Sälen wirkt, in welchen ſchon vor einem halben Jahrhundert Fichte lehrte, der glorreiche Begründer des Satzes vom „Rechtsſtaat, gegründet auf Gleichheit alles deſſen, was Menſchengeſicht trägt.“ Mit Recht hält Ihnen Schmoller vor, daß dieſe Ihre Lehre die Arteinheit des Menſchengeſchlechts leugne, daß ſie noch ſtets zur Beſchönigung jeder Grauſamkeit, zur Entſchuldigung jeder Klaſſentyrannei gebraucht worden ſei. Er entwickelt in geiſtvoller und ſchöner Weiſe (S. 20—24), daß ſoweit Abſtufungen und Gegenſätze der körperlichen und geiſtigen Begabung der ſocialen Klaſſen innerhalb eines Volkes exiſtirten, dieſelben nicht auf ein Naturgeſetz, ſondern auf Kulturthatſachen zurückzuführen ſeien und faßt dann dieſe Entwickelung in dem Satze zuſammen, daß eine Jahrtauſende alte, religiöſe und philoſophiſche Bewegung die Lehre von der natürlichen Ungleichheit der Menſchen mehr und mehr unmöglich gemacht habe, und daß die neuere Ethnographie, mit Anlehnung an die Darwin'ſchen Theorie, zu der Lehre von der Arteinheit des Menſchengeſchlechts zurückgekehrt ſei, jedenfalls die Einheit und Gleichheit der Menſchenart in Bezug auf das Denkvermögen nicht bezweifele. Wie geſagt, Herr Profeſſor, das iſt nicht eine ſpecifiſch ſocialiſtiſche, ſondern moderne Weltanſchauung überhaupt; dies Bewußtſein ſcheint Ihnen aufgedämmert und recht unbequem geworden zu ſein, denn mit einiger Heftigkeit ſagen Sie Schmoller in Ihrer Duplik (S. 419): „Wenn Sie mir zurufen, ich beſtritte die Arteinheit des Menſchengeſchlechts, ſo reden Sie in die leere Luft; ich nenne wörtlich „„die Ungleichheit der Geſtaltung der Erdrinde, von der die Menſchen leben, die Ungleichheit des Alters, des Geſchlechts, der Kräfte des Leibes und der Seele, der Kinderzahl und der perſönlichen Verbindungen, des Beſitzes und des Glücks““, lauter Ungleichheiten,

die auch zwischen leiblichen Geschwistern vorkommen
können." Als ich das las, Herr Professor, überlief es mich eis-
kalt. Natürlich hat Schmoller jene Aufzählung der Ungleichheiten
ebenso gut gelesen, wie ich und jeder Leser Ihres Essay's, aber er
hat vermuthlich angenommen, wie ich es gethan habe, daß indem
Sie die „Ungleichheit des Alters und Geschlechts" und die „Ungleichheit des Besitzes" einfach gleichstellten, Sie nach Ihrer be-
liebten Manier natürliche und sociale Ungleichheiten in Einen Topf
werfen. Wenn Sie nun aber ausdrücklich jene Ungleichheiten als
solche bezeichnen, wie sie unter leiblichen Geschwistern auch vorkommen, dann machen Sie in der That einen jener frostigen
Scherze, von welchen schon Lessing sagt, daß sie dem Leser sofort
das kalte Fieber zuziehen. Behaupten Sie denn im Ernste, daß
wegen dieser natürlichen Ungleichheiten zwischen leiblichen Geschwistern der Socialismus eine Chimäre sei? Bilden Sie Sich
in der That ein, wir wollten die „Ungleichheit in der Gestaltung
der Erdrinde" beseitigen, d. h. etwa auf den Eisbergen des Nord-
pols Palmenwälder anpflanzen und in den Tropengegenden Eis-
bären acclimatisiren? Oder wir wollten die „Unterschiede des
Alters und Geschlechts" aus der Welt schaffen, d. h. etwa einem
Säugling von zwanzig Wochen dieselben Pflichten und Rechte, dieselben Genüsse und Leistungen sichern, wie seiner verheiratheten
Schwester von zwanzig Jahren, oder wir wollten eine glückliche
Mutter zu Dachdeckerdiensten befähigen und umgekehrt einem Dach-
decker die Möglichkeit sichern, sich gelegentlich sein Brot als Amme
zu erwerben? Ist es denn möglich? Wo haben Sie das gelesen? Stehen wirklich in jenen mir unbekannten „socialistischen
Bordellromanen", von welchen Sie mit soviel Interesse sprechen,
so ungeheuerliche Dinge? Ich nehme zu Ihren Gunsten an, daß
Sie zu diesen Unterstellungen, welche Sie dem Socialismus
machen, eben nur in der tödtlichen Verlegenheit gekommen sind,
auf Schmollers Argumente doch nur irgend etwas zu erwidern.
Es bleibt in jedem Falle dabei, daß Sie die Einheit und Gleichheit des Menschengeschlechtes in Bezug auf das Denkvermögen
leugnen und daß Sie dabei nicht das größere und geringere Maß
der individuellen Begabung, sondern die geistige Differenz zwischen
der „kleinen Minderheit" und der „großen Masse" im Auge haben.
Das geht unwiderleglich aus den vorhin citirten Stellen Ihres
Essays hervor, welche sich leicht verdoppeln und verdreifachen ließen;
es ist unnöthig dies zu thun, da Sie ja Ihren Essay „bis aufs
letzte Wort" aufrecht erhalten und auf Schmollers gerade in diesem Punkte
besonders eingehenden Verhandlungen Nichts, aber auch gar Nichts
haben, als die eben in ihrer bodenlosen Nichtigkeit aufgedeckte Einrede.

Von der natürlichen Ungleichheit gehen Sie zu Ihren logischen Kategorien über. Ich verstehe nicht ganz, was die erste derselben, die Ehe, einerseits mit der natürlichen Ungleichheit der Menschen und andrerseits mit dem Eigenthum und der Gliederung der Gesellschaft zu thun hat und vermuthlich ist es Schmoller ähnlich ergangen, denn er spricht über die Ehe nur ganz beiläufig. Darüber ist denn Ihr Triumph groß und in Ihrer Duplik konstatiren Sie (S. 426) befriedigt, daß es doch absolute, sittliche Ideen in der Geschichte gebe, „so vor Allem die Monogamie, ein überzeugendes Beispiel, das Sie Sich wohl gehütet haben, zu bestreiten“. Das Quidproquo, Herr Professor, welches Sie mit dieser logischen Kategorie Ihren Lesern vormachen, besteht einfach darin, daß Sie die Ehe schlechthin als eine sittliche und wirthschaftliche Erscheinung darstellen, während Sie in erster und entscheidender Reihe eine physiologische Kategorie ist. Wenn Sie (S. 469) triumphirend ausrufen: „Ehelose Völker haben nie bestanden, weil sie sich nicht denken lassen“, so ist das eine ebenso tiefsinnige und wahre Behauptung, wie etwa die Bemerkung: „Völker, welche nicht aßen, tranken und schliefen, haben nie bestanden, weil sie sich nicht denken lassen“. Vielleicht meinen Sie, daß hier aus mir nur der Socialist spräche, dem die „sinnliche Schätzung des Daseins“ über Alles geht, aber Sie würden mir damit bitteres Unrecht thun; der staatsrechtliche Begriff der Ehe, wie er z. B. im preußischen Landrecht fixirt ist, bezeichnet klipp und klar ohne jede Berücksichtigung anderweiter Gesichtspunkte als ihren Hauptzweck die Erzeugung und Erziehung von Kindern. Nach ihrer sittlichen und wirthschaftlichen Seite hin — das müssen Sie als Historiker doch vor Andern wissen — hat die Ehe durch die ganze Weltgeschichte bei den verschiedenen Völkern der allerverschiedensten Auffassung unterlegen, oder wollen Sie bestreiten, daß die Ehe selbst eines so hochgebildeten Volkes, wie die alten Griechen waren, mit der Ehe der modernen Kulturvölker nichts gemein hat, als eben nur das physiologische Moment? Und so wenig ist die Monogamie eine „absolute, sittliche Idee“, daß zu allen Zeiten und bekanntlich auch heute noch ein sehr beträchtlicher Theil der Menschheit in Polygamie lebt, obgleich das Naturgesetz, daß die menschliche Brut erst im zweiten Jahrzehnt flügge wird, nahezu unabweislich zur monogamischen Form der Ehe drängt. Also, Herr Professor, die Ehe ist nach ihrer physiologischen Seite hin zwar keine logische Kategorie, aber ein Naturgesetz, dagegen in sittlicher und wirthschaftlicher Beziehung im weitesten Sinne des Worts eine historische Kategorie.

Selbstverständlich ist damit nicht im Geringsten gesagt, daß wir die Monogamie für eine überlebte Institution hielten und sie in Folge dessen vernichten wollen. Ganz im Gegentheil. Wir kennen und schätzen die sittigende Macht der Ehe viel höher als Sie, und eben deshalb sind wir die unversöhnlichen Feinde der heutigen Gliederung der Gesellschaft. Eben deshalb ist es so absolut unqualificirbar von Ihnen, uns zu Anhängern der „Weibergemeinschaft, der kothgeborenen Göttin des Bordells" zu machen. Wollten Sie die Ehe gegen uns als Trumpf ausspielen, dann mußten Sie nachweisen, daß nur in der heutigen Gesellschaft die Ehe den denkbar höchsten Grad sittlicher Vollendung erreichen könne. Diesen Nachweis haben Sie nicht einmal versucht und zwar aus guten Gründen; denn genau das Gegentheil ist wahr, in der bestehenden Gesellschaft geht und muß die Ehe einem immer tiefern sittlichen Verfalle entgegen gehen. Nach der einen Seite hin, wie nämlich das Freien des Wappenschilds um das Wappenschild, des Geldbeutels um den Geldbeutel und — wie es heutzutage ja am meisten modisch ist — des Geldbeutels um das Wappenschild und umgekehrt, die höheren Stände degenerirt und depravirt, hat Schmoller Sie gelegentlich belehrt; über die andere Seite der Frage gestatten Sie mir in aller Kürze einige Worte. Haben Sie denn niemals das traurigste Kapitel der socialen Frage auch nur durchblättert, das Kapitel von der Frauen- und Kinderarbeit? Wissen Sie allein denn nicht, daß die rücksichtslose, wirthschaftliche Ausbeutung der Frauen, an welchen die ganze Zukunft unseres Volkes hängt, eine der Hauptquellen des Reichthums Ihrer „natürlichen Aristokratie", eins der wirksamsten Mittel ist, den Arbeiterstand auf dem niedrigen Niveau seiner Klassenlage zu erhalten? Wissen Sie allein denn nicht, daß der Arbeitslohn der Frauen noch sehr tief unter dem der Männer steht, viel tiefer, als es die — auf vielen Arbeitsgebieten ja gar nicht einmal zutreffende — geringere Leistungs- und Consumtionsfähigkeit der Arbeiterin bedingen würde? Wenn die physischen und sittlichen Gefahren, welche aus solchen Zuständen naturnothwendig entspringen müssen, die modernen Kulturvölker noch nicht in Grund und Boden ruinirt haben, dann danken Sie es der Sittlichkeit der Arbeiter, welche um der Ehre ihrer Frauen und Töchter willen auch die größten Opfer nicht scheuen. Aber wo der letzte physische und sittliche Halt fehlt, wo die Familie giebt, wo die Arbeiterin, mit nichts als ihren nackten Händen bewaffnet, auf den wirthschaftlichen Markt Ihrer glorreichen Gesellschaft geworfen wird, was meinen Sie wohl, welches Loos ihr da blüht? Ein Theil — und selbstverständlich nur ein verhältnißmäßig sehr geringer Theil — kann und mag sich eine nothdürftige, materielle Existenz sichern, indem er auf das köstlichste Gut des modernen Menschen, die persönliche Unabhängigkeit, verzichtet und sich in ein nach jeder Richtung hin abhängiges Dienstverhältniß begiebt. Beneidenswerth ist seine Lage da freilich noch lange nicht und ich habe mir sagen lassen, daß in Ihren geliebten Romanen das „Gouvernanten- und Dienstbotenelend" eine Hauptrolle spielen soll, aber mindestens die materielle Existenz ist gesichert. Wie aber fristet der weitaus größte Theil der einzig und allein auf ihrer Hände Arbeit angewiesenen Frauen und Mädchen unseres Volks seine Existenz, welches ist der wirthschaftliche Regulator, der die Differenz zwischen ihren höchstmöglichen Arbeitslöhnen und ihren nothwendigsten Lebensbedürfnissen regelt? Sie durchforschen ja so gern die liberalen Blätter, um „schwarze Schilderungen" von der Socialdemokratie zu entdecken; da wird Ihnen vermuthlich auch folgende kleine Erzählung nicht entgangen sein, welche vor einiger Zeit die liberale Presse Berlins durchlief. Eine Waise aus anständiger Familie bewirbt sich in einem der größten und renommirtesten Modengeschäfte um eine Stelle als Verkäuferin; der Chef engagirt sie für eine monatliche Gage von — acht Thalern und bemerkt ihr zugleich mit einem verächtlichen Blicke auf ihr Kattunsähnchen, daß sie für eine elegante Toilette zu sorgen habe. Das junge Mädchen, das sich vermuthlich nie mit nationalökonomischen Studien abgegeben hatte, verstand das anmuthige Räthsel nicht zu lösen, wie sie für monatlich acht Thaler essen, trinken, wohnen und elegante Toilette machen sollte; da hatte denn der gütige Mentor die Freundlichkeit, ihr die Lösung mitzutheilen, indem er — eben jenen wirthschaftlichen Regulator nannte; es war Ihre „freie Liebe", Herr Professor, die „Weibergemeinschaft" in häßlichster und nichtswürdigster Form. Der Mann stand mitten im Getriebe der heutigen, wirthschaftlichen Production, er kannte deshalb ihre Modalitäten viel genauer, als Sie. Und dieser Fall ist nicht etwa eine vereinzelte Ausnahme, er kommt täglich hundert- und tausendfach vor; jener wirthschaftliche Regulator ist bei dem Course der Frauenarbeit auf dem heutigen Markte dermaßen zu einer Lebenslunge der „natürlichen Aristokratie" geworden, daß er das gesammte Gebiet weiblicher Thätigkeit, von der tanzenden Grazienschaar, welche Sie im Opernhause entzückt, bis zum letzten Fabrikmädchen, überall da beherrscht, wo ihm nicht noch die Ehe und die Familie ein gebieterisches Halt zurufen. Deshalb, Herr Professor, indem wir die heutige Productionsweise bekämpfen, streiten wir für die Heiligkeit der Ehe und gegen die „freie Liebe"; deshalb thun Sie das Umgekehrte, indem Sie unsere wirthschaftlichen Zustände dithyrambisch verherrlichen. Und wenn Sie, bei dieser

Lage der Dinge, kurz nachdem Sie das häßliche Wort „Prostitution" gebraucht haben, pharisäisch ausrufen: „So elend ist keiner, daß er im engen Kämmerlein die Stimme seines Gottes nicht vernehmen könnte", dann gestatten Sie mir das freimüthige Geständniß, daß ich in aller Literatur das versteinernde Medusenantlitz ständischer Selbstsucht niemals mit so erschreckender Deutlichkeit gesehen habe, wie in dieser pietistischen Phrase. —

Kürzer kann ich mich über Ihre logische Kategorie des Eigenthums und des, wie Sie selbst sagen, untrennbar mit demselben verbundenen Erbrechts fassen. Was darüber vom socialistischen Standpunkte zu sagen ist, ist ja hundertfach und namentlich von Lassalle im „System der erworbenen Rechte" gesagt worden. Sie sollen hier nur selbst vor den Augen des Lesers Ihre logische Kategorie: Eigenthum und Erbrecht, niederrennen und zertrümmern. Sie sagen (S. 472): „Die Geschichte des Eigenthums zeigt bekanntlich unabläßigen Wechsel", d. h. Sie sagen: „Das Eigenthum ist bekanntlich eine historische Kategorie". Weiter heißt es (S. 470): „Das Eigenthum ergiebt sich unmittelbar aus dem Begriffe der Persönlichkeit, aus dem Drange der Selbsterweiterung un's Selbstbehauptung". Sehr gut, Herr Professor, denn da Sie wenigstens den „Begriff der Persönlichkeit" nirgends dem Arbeiter bestreiten, so folgt aus Ihrem Satze mit unabweisbarer Consequenz, daß der Arbeiter auch ein unmittelbares Recht auf Eigenthum hat, während er in seiner großen Mehrzahl heute kein Eigenthum besitzt; Sie geben also mindestens indirekt zu, daß die bestehende Eigenthumsordnung von Grund aus umgeändert werden muß. Wenige Sätze weiter: „Nur das Eigenthum giebt der Familie Bestand"; auf S. 471 ferner: „Erst durch das Eigenthum lernt der schlichte Mensch verstehen, daß sein Leben auf der Arbeit von Jahrhunderten ruht und berufen ist, diese Arbeit weiter zu führen. So erhebt er sich über das Thier, das von keiner Vergangenheit weiß" u. s. w., mit einem Worte, ich müßte die vollen drei Seiten, auf welchen Sie diese logische Kategorie abhandeln, wörtlich abschreiben, wenn ich Alles sagen wollte, was sich von Ihrem eigenen Standpunkte aus gegen die Sittlichkeit und Vernünftigkeit der bestehenden Eigenthumsordnung sagen läßt. Deshalb nur noch eine Stelle über die logische Kategorie des Erbrechts. Sie sagen in Ihrer Duplik gegen Schmoller (S. 443): „Es können Zeiten kommen, da die Macht des Großkapitals der Freiheit der andern Klassen bedrohlich wird und der Staat sich gezwungen sieht, die Erbordnung durch einen Gewaltstreich zu durchbrechen; dies letzte Nothrecht des Staates habe ich nie bestritten, ich bestreite nur, daß ein solcher Nothstand heute vor-

8*

handen sei." Wirklich, Herr Professor? da wären wir ja prinzi-
piell völlig einig und es handelte sich zwischen uns nur noch um
eine Frage der Zeit, welche zu entscheiden, wie Sie zugeben werden, die sociale Statistik kompetenter ist, als Sie.*) Für dies werthvolle Zugeständniß sagen wir Ihnen unsern aufrichtigen Dank,
aber habe ich dem Leser zuviel versprochen, wenn ich ihm das er-
götzliche Schauspiel verhieß, Sie selbst Ihre logische Kategorie des
Eigenthums und des Erbrechts niederrennen und zertrümmern zu sehen?

Mit Ihrer letzten, logischen Kategorie geht es Ihnen wie einem
zärtlichen Vater, der je mißgestalteter und mißrathener sein Kind
ist, es um so mehr vergöttert und verhätschelt. Die aristokratische
Gliederung der Gesellschaft ist für Sie das A und O Ihrer
socialen Theorie: Sie widmen ihr volle dreißig Seiten Ihrer
Darstellung (S. 473—502) und der Nebel des Weihrauchs, den
Sie dabei dem goldenen Kalbe streuen, umwölkt Ihren Geist der-
art, daß Sie wie in höhern Zungen reden und daß selbst Schmoller,
ehe er die „Gliederung der Gesellschaft" in ihr Nichts auflöst, sich
verpflichtet fühlt, Ihnen wegen Ihrer „gewaltigen und hinreißen-
den Darstellung" ein tiefes Compliment zu machen. Dazu habe
ich keine Neigung; um so lieber acceptire ich den Satz von Schmoller,
daß Ihre Behauptung der Ewigkeit und Unabänderlichkeit einer
aristokratischen Gesellschaftsordnung durch tausend Blätter der Geschichte widerlegt sei. Sie fassen Ihre diesbezügliche Entwickelung
(S. 501) dahin zusammen: „Die bürgerliche Gesellschaft eines ge-
sitteten Volkes ist eine natürliche Aristokratie; sie kann und darf
die höchsten Arbeiten und Genüsse der Kultur nur einer Minderheit gewähren, doch sie gestattet Jedem ohne Ausnahme emporzu-
steigen in die Reihen dieser Minderheit." Dies „gestattet Jedem
ohne Ausnahme" ist wirklich unbezahlbar. An der Sprungstange
dieser vier Worte setzen Sie über den ganzen, tiefen Abgrund der
socialen Frage mit einer Schwungkraft hinweg, welche vom turne-
rischen Standpunkte aus die höchste Anerkennung verdient. Haben
Sie denn gar keine Ahnung davon, daß jene gütige Erlaubniß
der „natürlichen Aristokratie" an dem ehernen Lohngesetze ein niemals oder nur in den allerseltensten Glückszufällen übersteigbares
Hinderniß findet? Freilich haben Sie davon nicht nur eine
Ahnung, sondern sogar ein sehr bestimmtes Bewußtsein, und auf
diesen, Alles entscheidenden Nachweis will ich mich hier beschränken.

---

*) Äußerst lehrreiche Zahlen in dieser Beziehung enthält ein kürzlich
veröffentlichter Aufsatz des Geh. Raths Engel über die preußische Ein-
kommen- und Klassensteuer. Merkwürdig, daß diese Autorität ersten Ranges
auf socialpolitischem Gebiete über Ihren Essay so ziemlich genau das ent-
gegengesetzte Urtheil fällt, wie die „gebildete Presse".

In Ihrer Duplik sprechen Sie (S. 427) zu Schmoller von dem
„ärgsten und unbegreiflichsten Mißverständniß", das Sie von ihm
erfahren haben wollen und sagen dann: „Sie schieben mir die
Behauptung unter, daß immer nur dieselbe Minderheit sich der
höchsten Güte der Kultur erfreuen solle. Meine wirkliche Meinung
aber, und ich glaube sie sehr deutlich ausgesprochen zu haben, geht
dahin, daß diese Minderheit in einem freien Volke nicht dieselbe
sein soll." Sie sprechen dann weiter von einem „ungehemmten
Auf- und Absteigen der socialen Kräfte"; Sie fordern Beseitigung
der Schranken, welche den in Armuth Geborenen hindern, empor-
zusteigen in die Reihen der Besitzenden und Gebildeten; Sie betonen, daß jede rüstige Kraft müsse hoffen können, aus den Reihen
der Massen herauszutreten. Ja, Sie sagen, daß der Staat den
Armen nicht nur das Recht geben solle, sich aus seiner Klasse zu
erheben, sondern ihm auch die Möglichkeit schaffen müsse, von
diesem Rechte Gebrauch zu machen. Alle diese Zugeständnisse
machen Sie, von Schmoller in die Enge getrieben, und wenn Sie
nun die Consequenz derselben ziehen und mit dem Freimuth des
Gelehrten, der da, wo er geirrt hat, sich ehrlich zu seinem Irrthum be-
kennt, Ihre „aristokratische Gliederung der Gesellschaft" als ein
Unding und einen Unsinn verwerfen wollten, so wären wir die
Letzten, Ihnen irgend etwas nachzutragen. Aber nein, trotz jener
Concessionen halten Sie Ihren Essay „bis auf's letzte Wort" aufrecht und beweisen damit, daß Sie in dem „ungehemmten Auf-
und Absteigen der socialen Kräfte" ein Schattenbild an die Wand
zeichnen, von dessen wesenloser Nichtigkeit Sie selbst vollständig
überzeugt sind. Denn nachdem Sie in Ihrem Essay (S. 534)
das Partnershipsystem als einen „juristischen Widersinn" und als
eine „kommunistische Forderung" abgethan haben, erklären Sie
den „festen Arbeitslohn als unentbehrlich" und fahren dann gleich
darauf (S. 535) fort: „Die härteste und wirksamste Anklage gegen
das Lohnsystem stützt sich auf die traurige Erfahrung, daß der
Arbeiter nur selten vermag, aus den Reihen seines Standes
emporzukommen. Auch der reichlich gelohnte Arbeiter kann
nur bei außerordentlichem Glücke selber ein Unternehmer
werden; dieser hoffnungslose Zustand drückt die Gemüther
schwerer als die Armuth. Aber der Vorwurf trifft nicht das
Lohnsystem, sondern das unwandelbare Wesen der Gesellschaft.
Noch in allen großen Culturvölkern war das Aufsteigen aus den
niedersten Schichten schwierig; es wirkt hier wieder jene heilsame
Kargheit der Natur, welche dem Menschengeschlechte die Befriedi-
gung seiner groben Bedürfnisse sichert. Der moderne Staat hat
die rechtlichen Hindernisse des socialen Aufsteigens völlig beseitigt,

er stattet die Arbeiterklassen mit jener Elementarbildung aus, die für den modernen Menschen ebenso unentbehrlich ist, wie die Waffentüchtigkeit für den Menschen des Mittelalters. Daß damit Großes erreicht ist, lehrt der Augenschein.*) Nur darf man nicht nach der Unart des Socialismus die kindische Frage stellen: Wie Viele aus den ärmsten Klassen sind in die Reihen der Reichsten, der großen Kapitalisten eingetreten? Man muß vielmehr den historischen Zusammenhang der Generationen beachten und fragen: wie viel Arbeiter haben ihre Kinder in die Reihen des Mittelstandes emporgebracht? Fragt man also, dann erscheint die Lage des Arbeiterstandes keineswegs ganz aussichtslos." In diesen Zeilen verrathen Sie eine so tiefe Kenntniß der wirthschaftlichen Lage unserer Arbeiter und der Wirkungen des Lohngesetzes, daß dadurch auf die Loyalität Ihrer Absichten bei Abfassung des Pasquills gegen den Socialismus ein sehr bedenkliches Licht fällt. Bei unserer socialistischen Vorliebe für bestimmte und klare Ausdrücke würden wir nur die verhüllende und verschleiernde Negative „keineswegs ganz aussichtslos" in den gleichbedeutenden, positiven Ausdruck „recht sehr aussichtslos" übersetzen und könnten dann jede Sylbe unterschreiben, welche Sie über den „hoffnungslosen Zustand" des Arbeiterstandes sagen. Daß es hin und wieder einem Arbeiter gelingt, in die besitzenden Stände hinaufzusteigen, leugnen wir ja gar nicht; wir behaupten nur, daß es sich dabei um individuelle Glückszufälle handelt, wie sie eben so häufig, resp. eben so selten auch unter der Sklavenwirthschaft und der Leibeigenschaft vorgekommen sind; das erkennen Sie ja auch selbst an, indem Sie von einem außerordentlichen und seltenen Glücke sprechen. Sie sehen also, Herr Professor, daß Schmoller Ihnen gar nichts untergeschoben hat; es ist ganz und voll Ihre Ansicht, daß sich — mit absolut vereinzelten und deshalb gar nicht erwähnenswerthen Ausnahmen — immer nur dieselbe Minderheit der höchsten Güter der Kultur erfreuen solle. Und indem Sie dieser Minderheit nicht nur den Besitz der materiellen Güter, sondern damit auch die höhere, geistige Begabung, die Fähigkeit, das Licht der Idee mit offenem Auge zu sehen, zuerkennen, indem Sie die Theorie des blauen Blutes von der Geburt auf den Geldbeutel übertragen, erreichen Sie den grauenvollen Gipfel Ihrer geschichtsphilosophischen Auffassung, den selbst das Princip der Legitimität nicht zu erklimmen vermag.

Denn so sehr wir radikale Gegner der Geburtsaristokratie sind,

*) Wirklich? Sie sagen einmal (S. 478) genau das Gegentheil: „von den wenig nachhaltigen Erfolgen unserer Volksschulen giebt ja fast jede Rechnung kleiner Handwerker ein Zeugniß."

so wissen wir doch aus der Geschichte, daß es hier und da Fürsten
gegeben hat, welche das legitime Princip im großen Sinne auf
faßten und nicht nur die Rechte, sondern auch die Pflichten der
Könige kannten. Der alte Fritz nannte sich wenigstens gern einen
„König der Armen“ und der arme Kaiser Joseph ging zu Grunde
im Kampfe für die geistige und materielle Hebung seines grauen-
haft verwahrlosten Volkes gegen die Hartherzigkeit der besitzenden
Klassen. Sie aber erklären es für das „unwandelbare Wesen der
Gesellschaft“, daß die große Masse des Arbeiterstandes in „hoffnungslosen Zuständen“ leben müsse, auf daß sich die kleine Minderheit der besitzenden Klassen der höchsten Güter der Kultur erfreuen und im Lichte der Idee sonnen könne. Ihr Essay verquickt
unlöslich die schlimmsten und verwerflichsten Seiten des legitimen
und liberalen Princips, aber Sie sind ja feierlich anerkannt als
der „klassische Publicist“ der liberalen Schule und so entrollen
Sie freilich nur ein Bild der Zukunft, welcher unsere politische
Entwickelung unter der Herrschaft des Liberalismus mit rasender
Eile zutreibt und zutreiben muß.

V.

Sie sagen gelegentlich, Herr Professor, Sie hätten Ihren Essay
für gebildete Leser geschrieben und nicht für Socialisten. Und
daran haben Sie ohne Zweifel sehr klug gethan. Denn auf die
große Mehrzahl der socialistischen Arbeiter wird Ihre Arbeit keinen
anderen Eindruck machen, als den Eindruck unermeßlichen Staunens
darüber, welche verschliffene Waare noch in der zweiten Hälfte des
neunzehnten Jahrhunderts unter dem Deckmantel der Wissenschaft
auf den literarischen Markt des Denkervolkes geworfen werden
kann, während Ihnen ja nach Ihrer eigenen Versicherung die „gebildete“ Leserwelt begeistert zujauchzt. Ich habe Ihnen bereits gesagt, daß ich die Wahrheit dieser Versicherung unbestritten lassen
will; ich kenne ja die ungeheuerliche Unwissenheit der „gebildeten
Klassen“, vor Allem Ihrer „gebildeten Presse“ in allen nationalökonomischen Fragen. Dieselbe ist nicht etwa ein vom Socialismus erfundenes Schattenbild, sondern eine Thatsache, deren Vor-
handensein gerade von hervorragenden Bourgeoisökonomen am
unumwundesten anerkannt und beklagt wird, so noch jüngst von
dem geistreichsten, deutschen Manchestermann, Herrn Alexander
Meyer in der „Breslauer Zeitung“, und ferner von Dr. Karl
Roscher in einem zu Lassalles fünfzigjährigem Geburtstage er-
schienenen, den Socialismus besprechenden Schriftchen. Der Letztere
erzählt als das non plus ultra dieser ungeheuerlichen Unwissenheit, daß in einer großen Gesellschaft akademisch gebildeter Männer

das Gespräch auf das eherne Lohngesetz gekommen, daß alle, aber auch alle in der Verurtheilung diesen „socialistischen Blödsinns" einig gewesen seien, daß aber auch nicht ein einziger auf seine Frage dies Gesetz nur seinem äußeren Wortlaute nach gekannt habe. So mißtrauisch ich in dieser Beziehung bin, das hielt ich doch fast für unmöglich und ich machte dieselbe Probe bei etwa einem halben Dutzend liberaler Journalisten, welche für die größten und maßgebendsten Blätter Ihrer Partei arbeiten und seit einem Jahrzehnt Marx und Lassalle „kritisch vernichten." Und wissen Sie, mit welchem Erfolge? Genau mit demselben Erfolge, wie Dr. Roscher und nun werden Sie begreifen, welche erquickliche Heiterkeit Sie uns mit der Versicherung bereitet haben, wir seien wirklich so „schwarz", wie die Mehrzahl der „gebildeten" Blätter uns schildere.

Um aber selbst Ihren „gebildeten" Lesern nicht Unrecht zu thun, so glaube ich, daß dieselben denn doch weniger durch die Logik Ihrer Argumente überzeugt, als durch den rhetorischen Wortschwall betäubt worden sind, mit welchem Sie uns durch Ihren ganzen Essay hindurch als die eingefleischten Träger der Gott- und Vaterlandslosigkeit hinstellen. Ich wünsche Ihnen Glück zu der taktischen Wirksamkeit dieses Fechterstreichs, welcher Sie einen großen Theil Ihres Erfolges verdanken, aber ich bedaure, Ihnen nicht ein gleiches Compliment in Bezug auf die Wahrhaftigkeit machen zu können, welche Sie bei dieser Gelegenheit entwickeln. Indem Sie die Stellung des Socialismus zum Vaterlande betrachten, werden Sie zum Pamphletisten niedrigster Sorte und Sie häufen Lüge auf Lüge, indem Sie (S. 509) vom Jahre 1870 schreiben: „Da kam der Krieg; der Ruf des Vaterlandes drang in jede Hütte. Die Arbeiter Frankreichs widerstanden ehrenhaft den Friedensmahnungen der Internationale; nur die Führer der Socialdemokratie predigten den Verrath. Doch sie sprachen zu tauben Ohren. Die träge Masse der Partei begann die Köpfe zu schütteln über die Niedertracht der Führer; die Macht des Socialismus sank in dem Maße, als die Idee des Vaterlandes im Volke lebendig wurde. Ein rechtzeitiges, strenges Einschreiten des Generals Vogel von Falckenstein genügte, um die geheimen Zettelungen der Demagogen zu durchkreuzen; die Wahlen von 1871, vollzogen in der gehobenen, patriotischen Stimmung der Kriegstage, brachten dem Socialismus eine schwere Niederlage und schon wagten manche Patrioten zu hoffen, die Partei werde untergehen unter der Wucht der allgemeinen Berachtung." Es sei ferne von mir, mich auf den niedrigen Standpunkt herabzulassen, auf welchen Sie sich hier gestellt haben. Nur zwei Fragen: Wann, wo und wie haben die Führer der Social-

demokratie 1870 den Berrath gepredigt? Welche „geheimen
Zettelungen" haben Johann Jacoby, Ehrenreich Eichholz und die
braunschweiger Socialisten gesponnen, um das „rechtzeitige, strenge
Eingreifen" des Generals Vogel von Falckenstein zu veranlassen,
ein Eingreifen übrigens, welches selbst in der „gehobenen, patriotischen Stimmung der Kriegstage" ehrlichen Liberalen, wie dem
Abg. Lasker, die Schamröthe des tiefsten Unwillens in die Wangen
trieb? Können oder wollen Sie hierauf nicht Antwort geben,
so schützt Sie Nichts vor dem Vorwurfe bewußter und perfider
Verleumdung.

Besonders erbittert sind Sie darüber, daß die Socialdemokratie
die Feier des Tages von Sedan verhöhne. Sie befinden sich da
in einem großen Irrthum; wir werden Niemanden darum auch
nur scheel ansehen, der aus Herzensbedürfniß diesen Tag feiert.
Wir protestiren nur gegen die officielle Mache dieser Feier, welche
an Stelle des freiwilligen Patriotismus den chauvinistischen Racenhaß großzieht, diese niedrigste und verächtlichste Leidenschaft, von
welcher ein Volk befallen werden kann. Gestatten Sie mir,
Ihnen ein kleines Ereigniß zu erzählen, welches den „Patriotismus" unserer Bourgeoisie gerade anläßlich der Sedanfeier wahr-
haft klassisch illustrirt. Die Richtigkeit desselben können Sie mit
leichtester Mühe feststellen. Am 2. September 1873 wurde bekanntlich die Siegessäule auf dem Königsplatze in Berlin enthüllt. Lange Wochen vorher predigten gerade die großen, liberalen
Blätter der deutschen Hauptstadt die Heiligkeit dieses nationalen
Festtages; keiner dürfe sich von dieser Feier ausschließen; Handel
und Wandel müsse gänzlich stillstehen; sie erklärten es als die un-
erläßliche Pflicht der Presse, allen mit gutem Beispiele voranzu-
gehen und den Tag nicht durch Arbeit zu entweihen. Es war ein
schöner Gedanke, aber es kam anders. Die Zeitungssetzer verlangten trotz des Ausfalls der Arbeit am Sedantage selbstverständlich die Auszahlung ihres Lohnes; sie verlangten das mit demselben Rechte, mit welchem die Besitzer und Redakteure ihre Einnahmen und Gehälter trotz der Feier unverkürzt bezogen; sie
verlangten das mit um so größerem Recht, als den etwaigen
pekuniären Schaden, der mit dem Nichterscheinen der Zeitungen
verbunden war, einzig und allein die Abonnenten trugen und als
wirklich gar kein Anlaß vorlag, daß der Patriotismus der Besitzer mit einer Vermehrung ihrer ohnehin großen Einnahmen auf
Kosten der Arbeiter belohnt und der Patriotismus der Arbeiter
mit einer empfindlichen Kürzung ihrer ohnehin geringen Einkünfte
bestraft werden sollte. Und was thaten nun die Besitzer der
großen, liberalen Zeitungen, diese Führer der öffentlichen Mei-

nnng, als sich mit ihrem „Patriotismus" nicht ein Profitchen auf
Kosten ihrer Arbeiter verbinden ließ? Nun:

Zum Teufel war der Patriot,
Der Bourgeois war geblieben.

Sämmtliche großen, liberalen Zeitungen erschienen trotz der „Heiligkeit des nationalen Festtages". Und vor dieser jämmerlichen Sorte
von „Patriotismus" sollen wir Respekt haben? Das kann doch
unmöglich Ihr Ernst sein.

Das, was Sie über die Vaterlandslosigkeit des Socialismus
sagen, wäre bei einem Manne Ihrer Bildung in der That unbe-
greiflich, wenn Sie uns nicht an einer Stelle Ihres Essays einen
wirklich unbezahlbaren Einblick in Ihre innerste Gesinnung eröffneten. Sie sagen (S. 508): „Der deutschen Socialdemokratie
wird das unvergängliche Brandmal bleiben, daß F. Engels von
ihr rühmen konnte, kein anderer Arbeiterstand sei so unzugänglich
für die Lockungen des Chauvinismus — das will sagen: für das
Gefühl der Vaterlandsliebe." Das ist eine dankenswerthe Offen-
heit; wer den chauvinistischen Racenhaß für gleichbedeutend hält
mit dem Gefühl der Vaterlandsliebe, wer den Mamelucken des
zweiten Empire für das Ideal eines Patrioten erklärt, mit dem
ist jede weitere Diskussion ohne Nutzen. Wir Socialisten stehen
der Vaterlandsfrage gegenüber einfach auf dem Standpunkte: Erst
die Menschheit und dann das Vaterland, d. h. auf dem Standpunkte, welchen alle großen Denker und Dichter eingenommen
haben, die das deutsche Volk im letzten Jahrhundert hervorgebracht hat. Und wir fühlen uns in dieser Gesellschaft zu wohl,
als daß wir irgend Neigung hätten, Sie in Ihrer zärtlichen Um-
armung mit den Girardins und Cassagnacs zu stören. Was endlich unsere Stellung zum deutschen Reiche anbetrifft, so erfüllen
wir ehrlich und pünktlich alle Pflichten, welche es uns auferlegt;
das erkennen Sie selbst wiederholt für die große Masse der
Socialisten an; Sie machen nur eine nicht zutreffende Ausnahme
mit den „Führern." Im Uebrigen befinden wir uns im heutigen
Klassenstaate etwa so wohl, wie sich die Ujest, Strousberg, Ratibor,
Kardorff, Braun, Miquel u. s. w. in einem Staate befinden
würden, der sich auf das Princip ehrlicher Arbeit gründet, in
einem Staate, wie wir ihn erstreben. —

Mehr noch, als über die „Vaterlandslosigkeit", zetern Sie
über die „Gottlosigkeit" des Socialismus. Aber mit großem Unrecht. Denn gerade in dieser Frage treten wir ganz und voll
nur das Erbe des Liberalismus an; wir thun nichts davon und
nichts dazu. Wir sind Freidenker, wie Sie, wie die ungeheure
Mehrzahl aller Führer des Liberalismus. Wir stehen zu Gott,

wie der größte Preußenkönig, wie Goethe, Schiller, Lessing, Fichte, Kant, Hegel, David Strauß, wie, mit einem Worte, alle europäischen Denker des achtzehnten und neunzehnten Jahrhunderts. Wir unterscheiden uns von Ihnen nur dadurch, daß wir mit dem Stifter der christlichen Religion sagen, daß vor Gott, d. h. in diesen höchsten und tiefsten Fragen, welche den menschlichen Geist bewegen können, alle Menschen gleich sind, während Sie nur dem Geldbeutel das Recht zuerkennen, sich von kirchlichen Dogmen loszusagen. Diese tiefe und unerhörte Heuchelei hat Ihnen bereits Schmoller in ernster und würdiger Weise verwiesen; Sie antworten darauf, indem Sie sich in Ihrer Duplik (S. 436) über seinen „Mangel an Zartgefühl" beklagen. Als ich das las, fiel mir vor Lachen das Heft aus der Hand. Was würde die Mit- und Nachwelt zu Jesus gesagt haben, wenn er sich vor Pilatus; zu Huß, wenn er sich auf dem Concil zu Constanz; zu Luther, wenn er sich auf dem Reichstage zu Worms über „Mangel an Zartgefühl" beklagt hätte? Sie, der sittliche Reformator des deutschen Volks, verweigern die Antwort auf eine Frage, welche heutzutage der letzte Ackerknecht mit einem Ja oder Nein beantworten kann. Doch um Ihnen nicht Unrecht zu thun, Sie verweigern sie nicht ganz. Sie sagen Schmoller, Sie seien auch heute noch Freidenker, obgleich Sie im letzten Jahrzehnt „religiöser" geworden seien; Sie rühmen sich, Christ und Protestant zu sein, obgleich Sie das Augsburger Glaubensbekenntniß nicht mehr unterschreiben könnten. Und da Ihnen diese Widersprüche selbst unheimlich werden, suchen Sie sich aus der Affaire zu ziehen, indem Sie in tödtlicher Verlegenheit einen Vers von Emanuel Geibel herstammeln, den Vers:

Dieser Kirche Formen fassen
Dein Geheimniß, Herr, nicht mehr.
Tausenden, die fromm dich rufen,
Weigert sie den Gnadenschoß;
Wandle denn, was Menschen schufen,
Denn nur Du bist wandellos.

Ich muß gestehen, daß mich die Lektüre unserer Classiker zu sehr verbildet hat, um in dieser Reimerei irgend etwas Anderes zu erkennen, als ein unverständliches Phrasengebimmel.

Wenn Sie dann aber weiter sagen, der Ernst wissenschaftlicher Forschung sei himmelweit verschieden von frecher Religionsspötterei, so sind wir wiederum völlig einig. Wir hüten uns heutzutage sehr sorgfältig vor Allem, was einer Verhöhnung der religiösen Gefühle eines immerhin noch sehr beträchtlichen Theils des deutschen Volkes ähnlich sieht, schon um nicht dem „Bruderschmatze"

Ihres Freundes Aegidi und des officiösen Gesindels zu verfallen. Wir lassen Jedem seinen freien Glauben, und auf dem vorjährigen socialistischen Congreß in Eisenach wurde ein Antrag, daß jedes Parteimitglied aus der Kirche geschieden sein müsse, mit überwältigender Mehrheit abgelehnt. Vergleichen Sie doch einmal die Spalten der „Norddeutschen Allgemeinen Zeitung" und die Spalten des „Volksstaat": wo wird „frechere Religionsspötterei" getrieben? Oder nennen Sie mir eine einzige sozialistische Schrift, welche so ekelhafte und widerliche Schimpfereien auf die christlichen Glaubenssätze enthält, als sie Ihr Specialkollege in der Geschichtsklitterung und Bismarckvergötterung, Herr Johannes Scherr in Zürich, fast in jeder seiner Schriften producirt? Das härteste Wort, das je über die christliche Kirche gesprochen ist, das: écrasez l'infâme ist kein socialistisches „Schimpfwort"; meines Wissens ist es der stehende Refrain in der Correspondenz zwischen dem größten Preußenkönig und Voltaire.

Nochmals, wir lassen Jedem seinen Glauben; wir kämpfen nur da gegen die Religion, wo sie in bewußter Verlogenheit als Volksverdummungsmaschine mißbraucht werden soll. Hierin, und hierin allein, besteht der Unterschied zwischen uns. Wir haben größere Ehrfurcht vor dem Glauben unserer Kinderjahre, als Sie; wir werden es nun und nimmer dulden, daß er als Rechenpfennig in der brutalen und egoistischen Politik der besitzenden Klassen entweiht werden soll. Freilich der Widerspruch, den Ihre Behauptung, daß die große Masse des Volkes für immer unfähig sei, das „Licht der Idee" zu ertragen, auch unter Ihren Gesinnungsgenossen gefunden hat, ehrt mehr den guten Willen der Widersprechenden, als daß er ein besonders günstiges Zeugniß für die Schärfe ihres Verstandes ablegt. Das ist ja der tiefe, innere Widerspruch des heutigen Liberalismus, daß er niemals wagen darf, — will er anders bleiben, wie er ist und nicht in den Socialismus umschlagen —, die Resultate seiner theoretischen Weltanschauung in die Praxis zu übertragen. Diesen Widerspruch haben Schmoller und Sie schärfer erkannt, wie die große Mehrzahl Ihrer Parteigenossen, aber während Jener eine, wenn auch noch so allmählige, so doch konsequente Weiterentwickelung des liberalen Gedankens verlangt, steuern Sie mit voller Dampfkraft zurück nach den Gestaden des Feudalismus. Wer von Ihnen Beiden die geheimen Endziele des Liberalismus verficht, das kann keine Frage mehr sein; Schmoller steht fast einsam in Ihrer Partei während Sie der wilde Beifall des großen Haufens umtobt.

Wir aber, wenn Sie uns als Ihr letztes und schwerstes Argument entgegenwerfen: „Wer den frommen Glauben, das Eigenste und Beste des kleinen Mannes, zerstört, handelt als ein Verbrecher wider die Gesellschaft; darum ist gegen den Socialismus nicht halbe und bedingte, sondern ganze und rücksichtslose Feindschaft geboten", wir antworten Ihnen, und seien Sie überzeugt, daß wir im Namen von Hunderttausenden mündiger Arbeiter sprechen: Wer eine Weltanschauung, die er selbst als falsch erkannt und geistig überwunden hat, wer also die bewußte Lüge zur Grundlage der menschlichen Gesellschaft machen will, handelt als ein Verbrecher wider die Menschheit; darum ist gegen Sie und den Liberalismus, den Sie vertreten, nicht halbe und bedingte, sondern ganze und rücksichtslose Feindschaft geboten.

VI.

Bis hierher habe ich mich mit der Frage beschäftigt, gegen wen Sie kämpfen; zum Schlusse seien mir noch einige Hinblicke darauf gestattet, für wen Sie mit solcher Begeisterung in's Feld ziehen. Wer ist denn diese „natürliche Aristokratie", um derentwillen die „große Masse" des Volkes in alle Ewigkeit verdammt sein soll, in geistiger Verdummung und körperlicher Verkümmerung zu leben? Ja, wären Sie es noch und Ihresgleichen, wären es Männer, die gewöhnt an ehrliche Arbeit für ideelle Interessen lebten, wäre es eine noch so hochmüthige und stolze Geistesaristokratie! Aber das wissen Sie ja selbst, daß die ganze gelehrte und Künstlerwelt einen verschwindend geringen Raum einnimmt in der „natürlichen Aristokratie" gegenüber dem politischen und socialen Einflusse des hohen Adels deutscher Nation, der glücklich zum gelehrigen Commis des niedrigsten und verwerflichsten Jobberthums herabgesunken ist; des wüsten Börsenpöbels, der ohne Bildung und Wissen nichts kann, als im wilden Lottospiel das Mark des Volkes vergeuden. Freilich Sie sagen, unser moderner Geldadel habe wenig Neigung für politische und parlamentarische Thätigkeit, aber verstellen Sie sich doch nicht so, Herr Professor! Wissen Sie denn nicht, was jedes Kind weiß, daß unsere Börsenbarone viel zu klug sind, um sich dem schneidenden Luftzuge der Oeffentlichkeit auszusetzen, daß sie in den Mitgliedern des deutschen Adels und der geistigen Elite der Boargeoisie parlamentarische Commis in Hülle und Fülle finden, daß Herr Strousberg die Herzöge von Ujest und Ratibor, Herr Jacob Landauer Herrn v. Kardorff, die Discontogesellschaft Herrn Miquel u. s. w. u. s. w. in's Parlament schicken? Und was will Ihr Einfluß in Ihrer Partei z. B. trotz Ihres Geistes und Ihres Wissens gegen den Einfluß des Herrn Miquel sagen?

Soweit ist es in dieser, auf ihre „Bildung" stolzen Gesellschaft gekommen, daß auf dem Gebiete der geistigen Arbeit nahezu dieselbe verkehrte Welt herrscht, wie auf dem Gebiete der industriellen Arbeit. Je geringere Fähigkeit, je weniger Arbeitslust,
je größere Unwissenheit, um so höher der Ertrag der Arbeit. Eine
Ausnahme machen nur einzelne Dichter und Künstler, denen ein
so zweifelhafter, geistiger Faktor, wie die herrschende Tagesmode,
einen Monopolpreis ihrer Thätigkeit sichert. Aber sonst: die gelehrten Professoren unserer Universitäten in mäßigen, oft geradezu
dürftigen Verhältnissen lebend, dagegen der Priester der geistigen
Prostitution, der als Bedienter der officiösen Preßbureaus „arbeitet",
ein nahezu fürstliches Einkommen beziehend; Feuerbach bis auf
sein Sterbelager in Nahrungssorgen, dagegen der halbe Analphabet,
der für die „gebildete Presse" Skandal- und Mordgeschichten erfindet,
in wenigen Jahren zum behäbigen Rentier avancirend; das sind die Pole
der verkehrten Welt, welche das Gebiet der geistigen Arbeit in Ihrer
„natürlichen Aristokratie" darstellt. Fragen Sie doch einmal Ihren
Specialkollegen Dr. Johäntgen, den berüchtigten Officiösen Ihres
Freundes Aegibi,*) ob er sein jährliches Einkommen mit dem
jährlichen Ertrage Ihrer geistigen Arbeit vertauschen will; ich
möchte das verwunderte Gesicht des Biedermanns sehen.

Es liegt mir fern, diese und ähnliche Themata, welche sich bei
Betrachtung Ihrer „natürlichen Aristokratie" zu Dutzenden auf-
drängen, an dieser Stelle erschöpfend oder auch nur an-
deutend zu behandeln. Während Sie die socialistische Arbeiterpartei mit einer Fülle der härtesten und unwahrsten Anklagen
überschütten, haben Sie für die furchtbaren Sünden, welche die
besitzenden Klassen im letzten Jahrzehnte auf sich geladen haben,
nichts, als einige allgemeine und nichtssagende Phrasen; Sie
wollen die Corruption nicht sehen, an welche Sie täglich mit
dem Aermel streifen und da ist Ihnen nicht zu helfen. Nur die
Inkonsequenz könnten Sie sich sparen, unserer Presse vorzuwerfen,
sie predige „wilden Klassenhaß", wenn wir, nur mit unendlich
viel mehr Recht, an die besitzenden Klassen denselben Maßstab
der Kritik legen, wie Sie an die besitzlosen Arbeiter.

Wenn ich es somit ganz und gar Ihnen anheimstelle, ob Sie
nur den Splitter in unserem, nicht aber den Balken im eigenen
Auge sehen wollen, so liegt die Sache doch nicht ganz so einfach
in den Fällen, in welchen der Liberalismus nicht blos mit zuge-
machten Augen an der Corruption vorüberzugehen braucht, sondern
in denen dieselbe sich so unabweisbar aufdrängt, daß er seine

---

*) Neuerdings wegen zu großer Ungeschicklichkeit abgelehnt.

erften und heiligften Pflichten verletzen muß, um fie in feinen
Reihen zu erhalten. Diefe Fälle verdienen eine befondere Aufs
merkfamkeit, weil aus ihnen klar hervorgeht, daß es eine bewußte
Heuchelei ift, wenn Seitens des Liberalismus immer und immer
wieder von der „Unfittlichkeit" des Socialismus gefprochen wird.
Ich will aber auch hier fparfam fein und nur die Fälle hervor=
heben, in welche die beiden einflußreichften Faktoren des öffent=
lichen Geiftes, das Parlament und die Preffe, verwickelt find.

Wiffen Sie vielleicht, Herr Profeffor, daß es ein Ding giebt,
welches man „Bericht der Centraluntersuchungskommiffion" nennt?
Im Februar 1873 ftellte der Abg. Lasker im preußifchen Abge=
ordnetenhaufe die Gründung der pommerfchen Central= und Nord=
bahn als einen gemeingefährlichen Schwindel hin und die „Grün=
der", den Geheimen Rath Wagener, den Fürften Putbus und den
Fürften Biron als gemeingefährliche Schwindler. Es kam eine
Woche darauf eine königliche Botfchaft an den Landtag, welche
eine Centraluntersuchungskommiffion niederfetzte behufs genauer
Unterfuchung des Gründerwefens. Die Botfchaft konftatirte das
Vorhandenfein allerfchwerfter Uebelftände im Leben der Nation
und wie der damalige Minifterpräfident, Graf Roon, mit Recht
bemerkte, eine an die Volksvertretung gelangende königliche Bot=
fchaft ad hoc ift ein ernfter und fchwerwiegender Schritt. Die
Centraluntersuchungskommiffion hat ihre Sitzungen gehalten und
einen umfangreichen Bericht erftattet, von dem wiederum Herr
Lasker in offener Parlamentsfitzung während der vorjährigen
Landtagsfeffion konftatirte, daß er Vieles nicht enthalte, was von
Rechtswegen hätte in ihm ftehen follen, und daß er Vieles nur
andeute, was von Rechtswegen hätte klipp und klar gefagt wer=
den follen. Herr Lasker hatte ein Recht das zu fagen, denn nach
übereinftimmendem Urtheile war er das eifrigfte und fähigfte Mit=
glied der Commiffion, aber trotz diefes klaffifchen Zeugniffes fühlte
das Abgeordnetenhaus keine Neigung, das Verfäumte nachzuholen.
Indeß Herr Lasker hatte, wie er fpäter erklärte, von den maß=
gebenden Parteiführern des Abgeordnetenhaufes das beftimmte
Verfprechen erhalten, in der diesjährigen Landtagsfeffion folle der
Bericht zur gründlichften Unterfuchung kommen. Merkwürdiger=
weife ift das wieder nicht gefchehen. Herrn Lasker trifft keine
Schuld, denn Herr Lasker war krank, aber weshalb ergoffen, z. B.
Sie, Herr Profeffor, den glühenden „Lavaftrom Ihrer fittlichen
Entrüftung", um mit Geh. Rath Engel zu fprechen, nicht auf die
offene Wunde, welche die Krone, die höchfte Autorität des Landes,
als gemeingefährlichen Schaden anerkannt hatte? Ein Theil Ihrer
Preffe behauptete, da Herr Lasker krank fei und er allein ein

persönliches Interesse an der Erledigung dieses Berichtes habe, so sei die Sache nun ein- für allemal abgethan, aber ich hoffe, daß Sie mit uns diese Aeußerung für eine unqualificirbare Unverschämtheit halten, denn sonst sähe es ja so aus, als ob Hr. Lasker, indem er den Kampf gegen den Schwindel aufnahm, sich in den Augen der „natürlichen Aristokratie" mit einem Makel befleckt habe, von dem er sich reinigen müsse; anders ist das „persönliche Interesse" ja nicht zuverstehen. Aber weshalb schweigt die liberale Majorität den Bericht der Centraluntersuchungskommission todt? Nun, weil sie nicht den Muth hat, an die Gründungen ihrer Mitglieder, an die Gründungen der Braun, Kardorff, Miquel, Bonin u. s. w. denselben Maßstab zu legen, wie an die Gründungen der Wagener, Putbus, Biron. Vor die Alternative gestellt, entweder die Corruption aus ihren eigenen Reihen hinauszufegen oder an einem Königsworte zu drehen und zu deuteln, entschieden sich diese glühenden Monarchisten — für das Letztere.

Um dem Liberalismus nicht Unrecht zu thun, muß ich bei dieser Gelegenheit constatiren, daß wenigstens die liberale Presse Anwandlungen von Scham gehabt hat. So wurde in liberalen Blättern konstatirt, daß Ihr Parteigenosse Abicke, welcher zusammen mit dem Präsidenten des Abgeordnetenhauses, Herrn von Bennigsen, und mit dem deutschen Botschafter am englischen Hofe, dem Grafen Münster, die Hannover-Altenbekener Eisenbahn gründete, wegen seiner Schwindeleien nicht einmal den Muth gehabt habe, sich der Centraluntersuchungskommission zu stellen. Aber Herr v. Bennigsen und Graf Münster haben bis heute noch nicht Anlaß genommen, auf eine amtliche Untersuchung dieser Gründung zu bringen, um zu beweisen, daß sie reinere Hände behalten haben, als ihr Genosse. So schrieb die „Magdeburger Zeitung" kürzlich von „preußischen Giskras", welche noch nicht Minister gewesen seien, aber Minister werden wollten; jedes Kind wußte, daß damit der augenblickliche Führer der nationalliberalen Partei gemeint sei, aber Herr Miquel steckte den Schimpf ruhig ein. So schilderte die „Gartenlaube", das gelesenste Unterhaltungsblatt der deutschen Presse, in ausführlichen, mit Daten und Zahlen illustrirten Artikeln die Herrn Braun, v. Bonin, v. Karborff und Andere mehr klipp und klar als Betrüger und Schwindler, aber diese Herren haben bis heute noch keine Verleumdungsklage angestrengt. Und der gegen sie erhobene Vorwurf ist tausendmal schlimmer, als alle Sünden des hohen Adels. Wenn die Herzöge v. Ujest und Ratibor ihre Namen für je 100000 Thaler an den berüchtigten Börsenjobber Strousberg verkaufen, damit er sie, um dem armen Volke die Spargroschen aus der Tasche zu stehlen,

unter den Prospekt des Rumänenschwindels setzen konnte, so sind die
Betrogenen kaum zu bedauern. Denn es ist heutzutage doch eine
polizeiwidrige Dummheit, auf adlige Namen und Worte auch nur
einen Pfifferling zu geben. Aber wenn Männer, denen das Ver-
trauen des Volkes ein Mandat anvertraut hat, dies Mandat zu
gleich verwerflichen Zwecken mißbrauchen, wie jene ihr Wappen,
dann begehen sie einen Vertrauensbruch ohne Gleichen, der eben
durch seine Unerhörtheit auch klügeren Leuten gefährlich werden
kann. Ich hoffe, daß Sie sich durch die vorhin angeführten Stimmen Ihrer eigenen Presse zu einem neuen Essay über „die liberale
Corruption und ihre Gönner" begeistern lassen werden, in welchem
Sie der „natürlichen Aristokratie" klar machen, daß es sich trotz
ihrer „unfertigen, geselligen Sitten" nicht schickt, notorische Grün-
der und Schwindler in allen gesellschaftlichen, politischen und staatlichen Ehren ungestört zu lassen. — Wie aber die Corruption im Parlamente nur dadurch möglich
ist, daß der herrschende Liberalismus entgegen seiner gesetzgeberischen
und moralischen Pflicht eine feierliche Aufforderung der Krone
mißachtet, so trägt er auch die Verantwortung für die Corruption
der Presse, indem er ein von ihm selbst erlassenes Gesetz ohne
Widerspruch übertreten läßt. Die preußische Regierung ist nicht
verpflichtet, über die Verwendung des Reptilienfonds Rechenschaft
abzulegen, aber sie ist nach dem unzweideutigen Wortlaute des
Gesetzes, welches die Vermögen der Depossedirten konfiscirte, verpflichtet, ihn nur zur Abwehr der Umtriebe dieser Depossedirten
gegen den preußischen Staat zu benutzen. Von solchen Umtrieben
ist heute keine Rede mehr; folglich bedarf es auch keines Fonds zur
Abwehr. Der Reptilienfonds hat nur noch die glorreiche Mission,
das geistige Leben des deutschen Volkes in Grund und Boden zu
ruiniren — unter dem gnädigen Protektorate des Liberalismus.
Sie und Ihre Parteigenossen, Herr Professor, haben es in der
Hand, der geistigen Prostitution im Vaterlande der Kant, Lessing
und Schiller ein Ende zu machen; wir warten seit Jahren ver-
gebens. Und nicht etwa wir Socialisten allein; ich kann mit
vollster Wahrhaftigkeit sagen, daß ich noch keinen liberalen Journalisten von Anstand und Haltung gefunden habe — obgleich ich
deren eine ziemliche Anzahl kenne —, welche über den Reptilienfonds und was drum und dran hängt, eine andere Meinung
hätten, als der verbittertste Socialdemokrat, ja oft eine noch schär-
fere, weil sie leicht in die Gefahr kommen, von Unkundigen mit
dem officiösen Gesindel in einen Topf geworfen zu werden. Nur
Sie, der „klassische Publicist" der liberalen Schule, haben noch
kein Wort gegen diese öffentliche Schmach und Schande gehabt,

Treitschke.   4

kein Wort gegen die langjährige Profession Ihres Specialkollegen, des Dr. Johäntgen. Dem schmutzigen und unwürdigen Treiben dieses Privatdocenten an der ersten deutschen Hochschule sah Herr Fall, der große Führer des Kulturkampfes und der hohe Senat der Berliner Universität beifällig zu; als aber zwei andere Universitätslehrer, die beide socialistisch angekränkelt waren, sich einige Grobheiten sagten, da kamen die Retter der Gesellschaft mit Spießen und Stangen und im Namen des Anstandes flogen nach beiden Seiten Drohungen und Rüffel. Wie sich nur Hr. Johäntgen dabei in's Fäustchen gelacht haben mag! —

Ich komme zum Schluß. Sie machen uns den Vorwurf, daß wir nur mit Phrasen um uns werfen könnten; nun wohl, wir werden uns bessern. Der Bericht der Centraluntersuchungskommission und der Reptilienfonds sind — das werden Sie zugeben — keine Phrasen, sondern recht schwer wiegende Thatsachen. Sie sollen uns die Waffen liefern für den nächsten Wahlkampf. Ihren freundlichen Rath, zu unserem Feldgeschrei: Nieder das Bestehende! zu machen, müssen wir dankend ablehnen; wir sind bescheidener und wählen zu unserer Parole: Nieder mit der liberalen Corruption! In diesem Zeichen — deß dürfen Sie von der guten Art des deutschen Volkes gewiß sein — werden wir siegen, sei es früher, sei es später und je später, um so gründlicher.

———

Druckfehler-Berichtigung: Seite 11 in der Anmerkung muß es statt „schwächen" heißen: schwäben.

Fremdwörterverzeichniß.

Replik, repliciren: Antwort, antworten auf ein Angriffen.

ultima ratio: der letzte und entscheidende Grund.

Essay: Abhandlung, Aufsatz.

labyrinthisch: verworren durcheinanderlaufend.

Anathema: Verfluchung.

Kategorie: der allgemeine Begriff, unter den eine Reihe von bestimmten Erscheinungen gefaßt wird, soviel als Fach, Klasse. Logische Kategorien: die von der praktischen Erfahrung unabhängigen Grundbegriffe des menschlichen Erkenntnißvermögens, in Bezug auf wirthschaftliche Verhältnisse also die ewigen und unabänderlichen Grundlagen der menschlichen Gesellschaft. Historische Kategorien: Erscheinungen, welche durch die geschichtliche Entwickelung der menschlichen Gesellschaft hervorgebracht sind und eben deshalb den Gesetzen dieser Entwickelung unterliegen.

Absolute Idee: eine Idee, die immer, überall und unter allen Umständen herrschen muß.

Tautologie: überflüssige Wiederholung desselben Ausdrucks.

Duplik: Erwiderung auf eine Replik.

Intentionen: Absichten.

konkrete Fragen: genau abgegrenzte; bestimmte, historische Verhältnisse behandelnde Fragen.

legitim: berechtigt.

Doktrin: Lehre.

bizarr: grillenhaft.

böotisch und attisch: die griechische Landschaft Böotien war im Alterthume wegen der plumpen und rohen Gesinnung ihrer Bewohner verrufen, während umgekehrt in Attika sich die höchste Blüthe des griechischen Geistes entfaltete.

Sophokles: der berühmteste Trauerspieldichter der alten Griechen. Lebte von 496—406 v. Chr. Von seinen 106 Stücken sind nur 7 auf uns gekommen.

Pheidias: der größte griechische Bildhauer. Geboren um 500, gest. 432 v. Chr. und zwar der Gotteslästerung angeklagt, im Kerker. Sein Hauptwerk war eine aus Gold und Elfenbein gefertigte Bildsäule des Zeus, des obersten Gottes der griechischen Götterlehre.

Pegasus: das geflügelte Dichterroß der griechischen Götterlehre.

philanthropisch: menschenfreundlich.

Utopien: Land der allgemeinen Glückseligkeit.

4*

Fremdwörterverzeichniß.

Replik, repliciren: Antwort, antworten auf ein Angriffen.

ultima ratio: der letzte und entscheidende Grund.

Essay: Abhandlung, Aufsatz.

labyrinthisch: verworren durcheinanderlaufend.

Anathema: Verfluchung.

Kategorie: der allgemeine Begriff, unter den eine Reihe von bestimmten Erscheinungen gefaßt wird, soviel als Fach, Klasse. Logische Kategorien: die von der praktischen Erfahrung unabhängigen Grundbegriffe des menschlichen Erkenntnißvermögens, in Bezug auf wirthschaftliche Verhältnisse also die ewigen und unabänderlichen Grundlagen der menschlichen Gesellschaft. Historische Kategorien: Erscheinungen, welche durch die geschichtliche Entwickelung der menschlichen Gesellschaft hervorgebracht sind und eben deshalb den Gesetzen dieser Entwickelung unterliegen.

Absolute Idee: eine Idee, die immer, überall und unter allen Umständen herrschen muß.

Tautologie: überflüssige Wiederholung desselben Ausdrucks.

Duplik: Erwiderung auf eine Replik.

Intentionen: Absichten.

konkrete Fragen: genau abgegrenzte; bestimmte, historische Verhältnisse behandelnde Fragen.

legitim: berechtigt.

Doktrin: Lehre.

bizarr: grillenhaft.

böotisch und attisch: die griechische Landschaft Böotien war im Alterthume wegen der plumpen und rohen Gesinnung ihrer Bewohner verrufen, während umgekehrt in Attika sich die höchste Blüthe des griechischen Geistes entfaltete.

Sophokles: der berühmteste Trauerspieldichter der alten Griechen. Lebte von 496—406 v. Chr. Von seinen 106 Stücken sind nur 7 auf uns gekommen.

Pheibias: der größte griechische Bildhauer. Geboren um 500, gest. 432 v. Chr. und zwar der Gotteslästerung angeklagt, im Kerker. Sein Hauptwerk war eine aus Gold und Elfenbein gefertigte Bildsäule des Zeus, des obersten Gottes der griechischen Götterlehre.

Pegasus: das geflügelte Dichterroß der griechischen Götterlehre.

philanthropisch: menschenfreundlich.

Utopien: Land der allgemeinen Glückseligkeit.

4*

Fremdwörterverzeichniß.

Replik, repliciren: Antwort, antworten auf ein Angriffen.

ultima ratio: der letzte und entscheidende Grund.

Essay: Abhandlung, Aufsatz.

labyrinthisch: verworren durcheinanderlaufend.

Anathema: Verfluchung.

Kategorie: der allgemeine Begriff, unter den eine Reihe von bestimmten Erscheinungen gefaßt wird, soviel als Fach, Klasse. Logische Kategorien: die von der praktischen Erfahrung unabhängigen Grundbegriffe des menschlichen Erkenntnißvermögens, in Bezug auf wirthschaftliche Verhältnisse also die ewigen und unabänderlichen Grundlagen der menschlichen Gesellschaft. Historische Kategorien: Erscheinungen, welche durch die geschichtliche Entwickelung der menschlichen Gesellschaft hervorgebracht sind und eben deshalb den Gesetzen dieser Entwickelung unterliegen.

Absolute Idee: eine Idee, die immer, überall und unter allen Umständen herrschen muß.

Tautologie: überflüssige Wiederholung desselben Ausdrucks.

Duplik: Erwiderung auf eine Replik.

Intentionen: Absichten.

konkrete Fragen: genau abgegrenzte; bestimmte, historische Verhältnisse behandelnde Fragen.

legitim: berechtigt.

Doktrin: Lehre.

bizarr: grillenhaft.

böotisch und attisch: die griechische Landschaft Böotien war im Alterthume wegen der plumpen und rohen Gesinnung ihrer Bewohner verrufen, während umgekehrt in Attika sich die höchste Blüthe des griechischen Geistes entfaltete.

Sophokles: der berühmteste Trauerspieldichter der alten Griechen. Lebte von 496—406 v. Chr. Von seinen 106 Stücken sind nur 7 auf uns gekommen.

Pheidias: der größte griechische Bildhauer. Geboren um 500, gest. 432 v. Chr. und zwar der Gotteslästerung angeklagt, im Kerker. Sein Hauptwerk war eine aus Gold und Elfenbein gefertigte Bildsäule des Zeus, des obersten Gottes der griechischen Götterlehre.

Pegasus: das geflügelte Dichterroß der griechischen Götterlehre.

philanthropisch: menschenfreundlich.

Utopien: Land der allgemeinen Glückseligkeit.

4*

www.ingramcontent.com/pod-product-compliance
Lightning Source LLC
Chambersburg PA
CBHW022034080426
42733CB00007B/827